ジョン・コールマン

ロスチャイルド朝

OMNIA VERITAS®

ジョン・コールマン

ジョン・コールマンは、イギリスの作家で、元秘密情報局のメンバーである。コールマンは、ローマクラブ、ジョルジオ・シーニ財団、フォーブス・グローバル2000、宗教間平和コロキアム、タヴィストック研究所、黒人貴族、その他新世界秩序のテーマに近い組織について様々な分析を行っています。

ロスチャイルド家

The Rothschild Dynasty

オムニア・ヴェリタス・リミテッドが翻訳・発行しています。

OMNIA VERITAS®

www.omnia-veritas.com

300 人委員会』の著者であるジョン・コールマンは、「赤い盾」王朝の創始者であるメイヤー・アムシェルが最初の財産を手に入れるまでの物語を語っている。フランクフルト・アム・マインのユーデン通りにある小さな家で、ボロ屋兼質屋として、妻や家族と一緒に暮らしながら、この男にまつわる神話や伝説は、今もなお語り継がれているのだ。

歴史上の出来事は、王や王子、権力者たちの糸を裏から引く「隠し味」によって引き起こされることが多い。この現象を説明し、ロスチャイルド家にまつわる伝説を分析した本書は、ロスチャイルドの陰謀がナポレオンやロシア皇帝アレクサンドル 2 世といった人物をいかにして倒したかを明らかにするものでもある。

マイヤー・アムシェル・ロスチャイルドの「天才と金融技術」は息子たちに受け継がれたという伝説がある。しかし、コールマン博士が、この有名な一族の真の姿を隠すよく知られた伝説をはるかに超える、よく研究された説明で明らかにしているように、真実は全く違う。

マイヤー・アムシェル・ロスチャイルドの幸運と、彼の一族を「全ヨーロッパの事実上の支配者」にするためにとった措置は、興味深く読むことができます。

この例外的な本は、過去だけでなく、現在と未来についても書かれています。イラク戦争やイランへの戦争の脅威など、一般の人々を当惑させる多くの出来事を説明するのに役立つだろう。

序文

ロスチャイルド家は、もともと父親とその息子 5 人で構成されていたが、まさにチャンスの物語であり、巨大な利益を得るために、自分たちを必要としない貴族の世界に入り込もうとする決意の物語であった。メイヤー・アムシェル・ロスチャイルドが手にした莫大な財産を「チャンス」と言うのはおこがましいと思う人もいるだろうし、預かった資金を流用したに過ぎず、一般的な意味での「チャンス」とは言い難いという見方もある。

しかし、マイヤー・アムシェルにとっては、質屋と中古品販売の生活から抜け出して、最高権力者の座につくことができたのである。ユダヤ人が、自分たちの住む公国や国家の住民との間に永久の障壁を形成するために、多くの民法を適用されていた当時の歴史を考えると、これは驚くべきことである。また、支配階級に属さない非ユダヤ人にとっても、階級的な区別は大きな障害であっただろう。

階級の流動性は存在せず、特にロスチャイルド王朝が目覚しい歴史をスタートさせたドイツのフランクフルト・アム・マインでは、分離が厳しく行われていた。メイヤー・アムシェル・ロスチャイルドは、正規の教育をほとんど受けておらず、家訓もなかったが、彼が持っていたのは粘り強さと宗教への強い信仰心であった。彼は、フランクフルトのゲットーにある中流家庭の出身で、「外国人」の家である。

マイヤー・アムシェル・ロスチャイルドは、機知に富み、一部の心ない批評家が「生来の狡猾さ」と呼ぶもののおかげで、彼を避け、軽蔑さえする貴族の頭脳世界に入り込むことができたのである。 ヘッセン陸軍大将と出会うという「幸運」（あるいは「不運」）がなければ、マイヤー・アムシェル・ロスチャイルドは無名の質屋やボロ屋のまま一生を終えていたことだろう。ユダヤ人であることを名乗る必要はなく、その家系は彼の誇りであり、メイヤー・アムシェルも自分の出自を隠そうとすることはなかった。それどころか、フランクフルトのユダヤ人に対する容赦ない反対運動が、ヨーロッパのあらゆる国に及んでいたにもかかわらず、彼はそれを誇りにしていたのである。

歴史によれば、ヨーロッパ諸国の中で最も「文明的」な国であるイギリスは、ユダヤ人に対して特に激しい反対を行った。その中心人物である教養人でさえ、ユダヤ人を最も好ましくない言葉で呼ぶことにためらいはなかった。

例えば、グラッドストーンの伝記作家エドワード・フリーマンによれば、グラッドストーン卿は、ロスチャイルド家の「付き人」であったディズレーリのことを「あの憎むべきユダヤ人」としばしば呼んでいたという。ウィルバーフォース司教はディズレーリのことを「東洋のユダヤ人」と悪し様に言っていた。

ビスマルクは彼を「ヘブライ人の呪術師」と呼び、カーライルは彼を「不条理な小ユダヤ人」と呼んだ。

これらの例は、18 世紀（e）と 19 世紀（e）にビジネスと金融の世界で権力を目指した最も教養あるユダヤ人でさえ、かなりの困難に直面したことを示すものである。歴史家や作家の中には、ロスチャイルド家は権力を得るために自分たちの歴史や功績を捏造したと主張する人もいる。彼らの説得力のある存在は、歴史に大きな変化をもたらし、ヨーロッパ諸国の政治・経済活動において、たとえ深く隠されていたとしても、何らかの形でロスチャイルド家が関与しなかった出来事はないと言ってよい。

多くの人にとって、ロスチャイルド家は常に莫大な富を連想させるが、その富がもたらす権力は、あまり認識されていない。確かに、ロスチャイルド家は、単に快適な生活を送るために巨額の富を手に入れようとしたのではない。彼らは、富がもたらすもの、すなわち、すべての国の主要な政治勢力を支配することを求め、それを通じて、同じ国々を支配し、今日に至っているのである。ロスチャイルド家は、真空地帯に住んでいたわけではなく、それどころか、何百万もの人々の生活に影響を与えていた。ライオネル・ロスチャイルドは、自分のことをユニークな存在だと考えていたようだ。兄たちと同様、例外的に金持ちだったのは事実だが、その財産は決して公にされなかった。ロスチャイルド家は、自分たちが住んでいた国の通貨をインフレにして富を築いたわけではありません。ロスチャイルド家の真の姿、何が彼らを金銭への執着と飽くなき権力欲に駆り立てたのか、それを知るための目印がないのである。

この一族は、ヨーロッパとイギリスの隠れた支配者、いや、世界の支配者になることを決意していたのである。それは、アイルランド人が生まれつき持っている容姿や話し方に助けられているわけではない。それどころか、どう見ても醜い顔色で、行動もかなり粗野であった。マイヤー・アムシェル氏は、ポーランド語とドイツ語を混ぜ、ヘブライ語の表現を取り入れたフランクフルト・イディッシュ語で、露骨な話し方をした。

子供たちに与えた教育は、彼らが通っていたシナゴーグの初歩的な学校の域を出るものではなかった。ヨーロッパを席巻していた啓蒙主義に参加することを許されなかったフランクフルトのユダヤ人には、とにかく知的なことは禁じ手だった。

メイヤー・アムシェルは、タルムードの教えに忠実であり、そのすべての伝統を尊重し、子供たちにも同じようにするよう求めた。名声と富を得た後も、そのライフスタイルを変えることはなかった。息子たちが着ていた服は、よく骨まで磨り減っていた。

この事実については、多くの大英博物館の論文や資料の中に、非常に侮蔑的な記述がある。チェレップ・スピリドビッチは、メイヤー・アムシェルが下着を変えず、「脱げるまで」同じ服を着ていたと言う証言もある。ジョン・リーブス、デマチー、スピリドヴィッチなどの作家は、後者の言葉を借りて、次のように結論付けている。

> 「この不吉で致命的な一族の政治的局面が、1770 年以降に国家に降りかかった流血と災厄の少なくとも半分に起因している可能性がある。

また、*シカゴ・トリビューン紙の*編集長のように、何かが起こっていることは分かっていても、それを名指しすることができない人は、1922 年 7 月 22 日にこう書いている。

> 我が国の政治家は、彼らに比べれば子供だ。私たちは、世界情勢の中で重要な位置を占めることを何度も提案されています。それを目の前に投げつけられて、愚かにも拒絶してしまうのです。

それを拒否してきたのか、それとも何か隠された力によって主導権を握れないようにしてきたのか、ということです。"ドイツの哲学者ニーチェは、その著作*『夜明け』の中*でこう書いている。

> 次の世紀が私たちを誘う光景のひとつに、ユダヤ人の運命の決定がある。彼らは、サイコロを投げてルビコンを渡ったことは明らかです。彼らは、ヨーロッパの支配者になるか、同じような選択肢に直面したエジプトを失ったように、ヨーロッパを失うかのどちらかしかありませ

> ん…ヨーロッパは、彼らがあまりにも早くそれをつかまなければ、いつか熟したフルーツのように彼らの手の中に落ちるでしょう。

ニーチェを研究している人は、ニーチェがロスチャイルド家のことを指しているというが、この名家のパターンには合っているようだが、私はその根拠を見出すことができないでいる。

彼らの秘密の多くは完全に隠されたままであり、今後も明らかにされることはないかもしれない。その秘密の深さは、フランスの政治家ラマルティーヌの言葉に表れている。

> すべてのヨークを壊したい。しかし、目に見えないものが私たちに重くのしかかってくる。それはどこから来るのでしょうか？どこにあるんだ？誰も知らないし、少なくとも誰も言わない。この会は、秘密結社のベテランである私たちにも秘密です。

フランスの外務大臣 G.ハノトゥーは、1878 年に、この隠し味は

> "政治を支配し外交を混乱させる不思議な力"。

これらの謎の多くは、ディズレーリが小説『*コニングスビー』の*中で、ロスチャイルド家の所業を薄々と描き出し、完全に解明した。ディズレーリは、 多くの事実をフィクションとして偽装し、その中に含まれる暴露に人々の怒りが爆発しないようにしなければならなかった。「シドニア "は間違いなくライオネル・ロスチャイルドであり、*コニングスビーは*彼の行動をロマンチックに描いたに過ぎない。

19 歳の時、ナポリの叔父のところに住んでいたシドニーは、フランクフルトにある父の別の家族を長い間訪ねていた。パリとナポリの間で、シドニーは 2 年間を過ごした。彼は貫通することは不可能だった。彼の率直な感想

は、あくまでも表面的なものであった。慎重すぎるくらいにすべてを観察し、真剣な議論を避けた。愛想のない男だった。

カール・ロスチャイルドはナポリに住み、マイヤー・アムシェルはフランクフルトに住んでいたので、「シドニア」がライオネル・ロスチャイルドであると結論づけるのは難しくない。こうして、*コニングスビー*から、ロスチャイルド家と彼らが今日持つ絶対権力への上昇に関する最も正確で最高の詳しい説明を得ることができる。

説明文

なお、出典や参考文献は本文中に記載しています。そうすることで、参照しやすくなり、連続性が失われた状態で、別のメモのリストを探す必要がなくなると思ったからです。

私は、ヴィクトリア朝の作家たちが、特定の資料を探すために立ち止まることなく、物語を続けるために最適な方法とスタイルに従いました。皆さんも、この方法を従来の方法よりも簡単に実行できると思ってください。

もうひとつ重要なことは、この本を「反ユダヤ」「反ユダヤ」と解釈してはいけないし、できない、ということをはっきりさせておくことだ。どちらでもない。むしろ、ユダヤ人であることが判明した一家が、それを隠すことなく、事実として語ったものである。そうでなければ、ズールー族のチャカ王について、チャカがアフリカの黒人の王であることを言わずに書こうとするようなものだ。

第 1 章

ボロ屋が世界有数の富豪になるまで

国際金融界でロスチャイルドほど有名な名前はないだろうが、この一族の本当の歴史はほとんど知られていない。多くの伝説、神話、空想的な物語があるが、歴史の流れを変えたこの一族の真の姿についてはほとんど知られていない。政治家、王、公爵、司教を、まるで使い古しの靴や古着のように、目的を果たしたら捨てられる単なる商品として売買してきたのである。この一族は、革命、戦争、動乱をもたらし、ヨーロッパ、極東、アメリカの様相を一変させたと言われている。本書の目的は、ロスチャイルド家の歴史を探り、彼らの世界に対する計画を理解することである。ロスチャイルド家はユダヤ人であり、この事実を隠そうとしたり、最小限に抑えようとしたりしたことはない。

インド、バビロン、古代パレスチナなど、歴史上、お金の問題は常に主にユダヤ人のビジネスであった。フランクフルト、ロンドン、ニューヨーク、香港の金融市場では、ユダヤ人金融業者が幅を利かせていた。

1917 年には、世界中に広がっていた。ロンドン、パリ、ニューヨークの証券取引所では、ユダヤ人ブローカーがビジネスを支えていた。世界中の貴金属、ダイヤモンド、通貨の動きは、常にユダヤの支配下にあったのだ。これらの事実は、それ自体として引用したのであって、そこから何かを推し量ることはできません。ユダヤ人自身がそれを認めている。1910 年にイギリスがドイツとの戦争を準備したとき、国際的なユダヤ人金融業者 が要所に配置されていた。 - そして世界中の国際金融のトップは、ロスチャイルド家とその関連銀行であった。フランスではロスチャイルド、フールド、カモンド、ペレイラ、ビショフハイム、ドイツではロスチャイルド、ワルシャワ、メンデルスゾーン、ブライヒローダー、イギリスではサスーン、スターン、ロスチャイルド、モンターグ、極東ではサスーン、ロシアではガンズバーグ、アメリカではJP モルガン、クーンローブ社、セリックマン&カンパニーは、このように、さまざまな人物が登場したのでした。

何よりも、ロスチャイルド家が影を落とし、影を落としていた。ロスチャイルド家の批判者は、モルガンとクーン・ローブはロスチャイルドの隠れ蓑に過ぎず、有名な銀行家はすべてロスチャイルドの銀行と提携していたと主張している。

これらの銀行は、投機に対する慎重な姿勢と、ロスチャイルド家と互いに密接な友愛関係、親族関係にあったため、幾多の嵐を乗り越えてきた。ロスチャイルド家の創始者は、フランクフルトの商人であったアンセルム・モーゼス・バウアーの息子であるマイヤー・アンセルム・バウアー（ロスチャイルド）である。父親は、新古品や古銭を販売し、赤い盾の看板を掲げて質入れをしたので、ドイツ語で赤い盾を意味するロスチャイルドと名づけられたのである。ロスチャイルドは、彼らの養子であり、正式な姓となった。フランクフルトのゲットーにある「ユーデン通り」（文字通り「ユダヤ人の通り」）には、550 世帯ほどが住んでいたのだが、その中にあった。

メイヤー・アムシェル（ロスチャイルド）は、1743 年に生まれた。一家は代々フランクフルトに根付いていた。実際、大英博物館には、この一族の歴史が 16 世紀初頭までさかのぼることを示す文書がある 。18 世紀には、彼らは大規模なグループになっていた。

私は、メイヤー・アムシェルの 20 の先祖を特定した。3 人の息子の長男で、両親は銀の売買を行っており、彼は 10 歳のときからその商売に参加していた。この小さな取引は、実は一種の外国為替であった。、当時のドイツは 350 の公国からなり、それぞれが独自の通貨を持っていたからである。

フランクフルトで非ユダヤ人に開放されている職業を行うことは禁じられていたようだ。ユダヤ人がさまざまな制限を受けていたことは間違いないが、その中にはかなり不公平なものもあった。1775 年、ヨーロッパで天然痘が大流行し、メイヤーの両親が亡くなるまで、メイヤー・アムシェルはゴシック様式の木造小屋で父、母、3 人の兄弟と一緒に暮らしていた。メイヤーの両親は、彼をフュルトのラビスクールに入学させた。しかし、卒業証書を得るために必要な長い年月を勉強する忍耐力も気力もなく、フュルトで 3 年過ごした後、13 歳の時にメイヤー・アムシェルが独立したのである。

このような若者の一歩を踏み出す勇気には、ただただ敬服するばかりである。ハノーバーに向かう途中、オッペンハイマー銀行で取るに足らない小さな「慈善事業」の仕事を与えられ、到着から 6 ヵ月後には見習いとして働くようになった。銀行業で成功するためには、最も重要な王侯の保護が必要であるという結論に達するのに時間はかからなかった。6 年後、ハノーファーを離れ、フランクフルトに戻り、1770 年にグドゥール・シュナッパーと結婚した。

メイヤーとグドゥル（Gutta）は、1 階の上に店を構え、メイヤーは父親と同じように新品や中古品の売買を行っていました。絵画や家具など、多くの品物が舗道に展示されていた。ここが、後に世界の金融を牛耳ることになる「銀行王」や、偉大な指導者、政治家、王たちの故郷、出発点であった。グドゥレはメイヤーに 5 人の息子を与えた。5 人の息子たちとの話し合いは、スピリドビッチさんが*『歴史の中の未解明』*で述べているように、いつも「汚い木のテーブル」を囲んで、家族が食事や話し合いのために集まっていたのだ。

息子たちの間で金融界の分担が盛んに議論された。彼らの父親 は、シャルルマーニュの 4 人の孫のこと、ローマ皇帝がいかに世界を支配してきたか、そして息子たちへのビジョンを語った。5 人の娘たちは、この話し合いに参加したことがない。

シャルル大帝（シャルマーニュ）（771-814）は、身長 180cm を超える典型的なドイツ人で、ギリシャ語とラテン語を話す優れたアスリートであった。フランク王国の王で、紀元前800 年から814 年までローマ皇帝となった。しかし、メイヤー・アムシェルは、シャルルマーニュへの崇拝とは裏腹に、あらゆる「ローマ」に対する激しい憎悪を持っており、後に「ボルシェビズムの大敵」と表現したと、サー・アルフレッド・モンドは*『ユダヤ人の世界戦』*で述べている。[er] サミュエル・ゴンパーズは、1922 年5 月 1 日付の*『シカゴ・トリビューン』に寄稿し*、ボルシェビズムについて、メイヤー・アムシェルに触れて次のように述べている。

> ボルシェビキの専制政治を認めることほど、文明に対する無益で卑劣な裏切り行為はないだろう。ドイツと英米の銀行家の政策は、ボルシェビキの努力の連鎖全体の中で、最も危険な要素である。ボルシェビキの資金は数百万ドルにのぼった。

マイヤー・アムシェルのローマ世界に対する憎しみは、1762 年以来、フランクフルト・アム・マインが神聖ローマ皇帝の選挙と戴冠式の都市であったことに起因していると思われるが、マイヤー・アムシェルは、カトリック教会がボルシェビキの永遠の敵であることを知っていたので、これを憎んでいたのだ。ロシアはヨーロッパ最大のキリスト教国であり、その指導者の何人かの下でユダヤ人は多くの苦難と迫害に耐えてきたからである。

その席でメイヤーは、息子たちに「財産は一族の中に収め、決して一族以外とは結婚しないように」と戒めた。ヘブライ語の律法である「ネシェック」（文字通り「一口」の意味で、利子を意味する言葉）、「ヘブライ人の外に適用され、彼らには適用されない方法」を説明しました。秘密厳守。家族以外の誰にも、、どれだけのお金を持っているかを知られてはならない。作家のジョン・リーヴス氏は、著書*『ロスチャイルド：金融界の支配者たち』の中で、『仮面をとったカハラハ』の著者*であるマクレガー氏の言葉を引用しています。

> 5 人の息子たちは、ヨーロッパの 5 つの首都で商売を始めたが、互いに協調して行動した。1812 年以来、ロスチャイルドのビジネスはあまりにも巨大であり、一族のさまざまなメンバーが緊密に結びついているため、その解明はほとんど絶望的と思われる。創業者が成功を収めたのは、世情が荒れていたからだ。メイヤー・アムシェルは、ナポレオンと同じように、幸運の子であった。

メイヤー・アムシェルには5 人の息子と 5 人の娘がいた。

アンセルメ・マイヤー 1773 年生まれ エヴァ・ハナウと結婚

ソロモン・マイヤー 1774 年生まれ キャロライン・シュテルンと結婚

ネイサン・メイヤー 1777 年生まれ ハンナ・レヴィ・バーネット・コーエンと結婚 1806 年

1788 年生まれのカール、アデレード・ヘルツと結婚

1792 年に生まれたジェイコブ（ジェームズ）は、兄サロモンの娘で姪のベティと結婚した。長男のアンセルムは、プロイセン王国の商務枢密院議員、バイエルン領事、宮

廷銀行家という栄誉に浴した。

しかし、当時の厳格なカースト制度では、「平民」がそのような地位に就くことは不可能であり、常に高貴な称号を持つ家系のために確保され、ユダヤ人はそのような高い地位から明示的に排除されていた .サロモン・マイヤーは、オーストリアの事実上の支配者であるメッテルニヒ公の最側近に取り入ることに成功した。

5 人の少女たちは、事業の分け前もなく、経営に口を出すこともできず、事実上、完全に排除されていた。ほとんどの場合、「お見合い結婚」である。

著者のジョン・リーブス氏によると

> ロスチャイルド家の動向は注意深く監視され、国民にとっては他の大臣と同様に重要である。ある熱心な調査員は、「血統書がないので、一族全員の名前を挙げることは不可能だ」と言われた（『ロスチャイルド財界の君主たち』）。

チェレップ・スピリドヴィッチ少将の『*歴史の中の未解明*』やロンドンの大英博物館の記録によると、マイヤー・アムシェルは死の床でタルムードの一節を読み、子供たちに「常に団結し、何事も別々に行わない」という厳粛な誓いを立てるよう義務づけたという。

第 2 章

メイヤー・アムシェルとその息子 5 人が幸運に恵まれる

アムシェルは、オッペンハイマー銀行で、ヘッセル・カッセル伯爵家と深いつながりを持つ貴族、エストルフ男爵中将と出会うという幸運に恵まれる。

アームストロング著『*ロスチャイルド・マネー・トラスト*』では、地主侯はウィリアム 9 世と記されている。

> "ヘッセン＝カッセルの地主であるウィリアム 9 世の金貸し兼代理人となった"

歴史家、軍人、作家として高い評価を得ているチェレップ・スピリドヴィッチ伯爵は、簡単に次のように表現している。

> 「アムシェルはヘッセ・カッセル伯爵の行政官となった。

メイヤーはオッペンハイムの銀行の費用でフォン・エストルフに何らかのサービスを提供したと言われているが、その正確な内容は現在のところ不明である。

大英博物館での調査によると、まずヴィルヘルムの財務アドバイザーであったカール・ブドゥルスという人物を通じてアプローチがあった。

> 「このとき、ロスチャイルド家とは、志が似ていて、粘り強く、忍耐強く、秘密主義的なところがあり、知的な実りある会合となり、相互扶助の取り決めをすることになった。

しかし、その計画の詳細は明らかにされていない。しかし、1905 年と 1909 年の『*ユダヤ人百科事典*』Vo.X、499 ページにこの件に関する記述があります。

> 彼は、父の死後、、ヨーロッパ最大の私財（推定 4000 万ドル）を相続した。その主なものは、アメリカでの革命鎮圧のためにイギリス政府に兵力を貸与したことである。
>
> 1806 年 6 月の戦いの後、地主侯はデンマークに逃れ、60 万ポンド（約 300 万ドル）をメイヤー・ロスチャイルドに預けて、その保管にあたった。伝説によると、このお金はワイン樽に隠されていて、フランクフルトに入ったナポレオン軍の兵士の捜索を逃れ、そのまま選挙民に返されたという。
>
> 事実は、ロマンティックというよりプロフェッショナル。

私が調べた資料では、「選帝侯」と呼ばれた彼は、自分の金庫に入ったお金の出所について、あまり慎重ではなかったようである。ヘッセン人の傭兵は彼の得意とするところであり、支払い能力のある者に貸し出された。

ヘッセン軍が作成した支配者との契約書には、自分たちが雇われた軍事作戦の開始時に、王子が多額の前金を受け取ることが明記されていたのだ。その後、兵士には追加支給、負傷者にはいくらか追加支給、戦死者には 3 倍支給ということになっていた。この金額は、傭兵やその扶養家族に支払われるもので、王子には支払われないことになっていた。しかも、講和が宣言された時点で契約が切れるのではなく、講和から丸 1 年、傭兵が帰国して初めて契約は切れるのである。

イギリス政府は最大の顧客で、毎年約 1 万 5 千から 1 万 7 千人のヘシアンを「雇い」ました。アムシェルとブドゥルスが以下のスキームの実行犯であることを示す直接的な証拠はないが、その可能性は非常に高いと思われる。一時金や支払いは王子の居住地であるカッセルに送られるのではなく、イギリスに保管され、そこで投資された。

アムシェルの交渉による）利息は、下書きの形で地主爺に支払われた。そして、実際にカッセルに移された資金の一部は、困っている他の王子たちに高利の融資をするために使われた。この結果、カッセルには膨大な資金が出入りするようになり、国王は全ヨーロッパの郵便を独占していたフォン・ターン、タクシス家と手を結び、大きな収入を得ることができた。傭兵たちは、「私的」な取引であることを知らないので、約束の金額しか受け取らなかった。

フォン・トゥルンとタクシスの王子たち（300 人委員会のメンバー）は、地主王や後にロスチャイルド家の諜報員として活動する見返りに、戦利品の分け前を喜んで手に入れたのである。そのために、彼らは指示されたとおりに重要な郵便物を開封し、中身を読んで、見たことを地主王に知らせ、彼の命令で、地主王とメイヤー・アムシェルの利益のために、そして彼らの債務者の不利益のために手紙の配達を早めたり遅らせたりしたのだ。

(フォン・トゥルン&タクシス家の詳細については、『*陰謀の階層』『300 人委員会』を参照*）[1].

これらの事実は、アムシェルのキャリアがどのように始まったかというロマンチックな概念とは全くかけ離れており、これまで発表されたものよりもさらに完全な形で明らかにされている。批評家は、事実は『百科全書』の示唆するところからかけ離れていると言う。チェレップ・スピリドビッチは、この金は地主陛下に返されたのではなく、実はアムシェルに盗まれたのだ、とあっけらかんと語っている。*ロスチャイルド・マネー・トラスト』*

[1] 発行：オムニア・ヴェリタス社、www.omnia-veritas.com。

の中で、著者のアームストロング氏はこう述べている。

> 事実は、かなり「ロマンがない」のです。メイヤー・アムシェル・ロスチャイルドはお金を横領した。このお金は、最初から汚染されていたのです。これは、イギリス政府が陸軍の兵士の勤務に対して支払ったもので、、アメリカ革命を鎮圧するために使われ、兵士たちは道徳的にそれを受ける権利があったのです。最初はヘッセのヴィルヘルムによって、次にマイヤー・アムシェルによって横領されたのである。この二度盗まれたお金が、ロスチャイルド家の莫大な財産の元になっている。以来、その原点に忠実であり続けています。ロスチャイルド一族が今日所有している数千億円の中には、正直に稼いだお金は 1 円もないのだ。マイヤー・アムシェル・ロートシルトは、この金をワイン樽に入れず、全額をロンドンにいる息子のネイサンに送り、ロンドン支店を設立させたのである。

これは、ネイサンが N.M. Rothschild and Sons というファミリーバンクを開設するために使ったお金だと思われる。

アームストロングが続けた。

> その功績により、アムシェルは帝国皇室諜報員に任命され、支障なく自由に移動できるようになった。フォン・トゥルン&タクシスの王子たちとの「パートナーシップ」は、彼に貴重な情報を提供し、競合するすべての金融業者に対して優位に立たせることができた。ネイサン・ロスチャイルドは、東インド会社から 8 億ゴールド（重量ではなく金額）を投資し、それがウェリントンの半島での作戦に必要であることを知っていたのだ。

彼は 4 つ以上の利益を出した。

1.1 ドル 50 セントで購入し、額面で回収したウェリントン紙の売却について。

2.ウェリントンでの金の販売について。

3.その贖罪について。

4.ポルトガルに渡すことで

これが大きな幸運の始まりだった。まだ無名の銀行員が、貴族階級と隔絶された社会の壁を突き破った方法は、注目に値する事例である。

大英博物館の資料によると:

> ...王子は非常に貪欲で、父ウィリアム 8 世（スウェーデン王の弟）から遺贈された財産がどのように増やされるかをほとんど気にもかけなかった。フレデリックは、フォン・エストルフからアムシェルの巧妙さと不誠実さを聞いて、自分の怪しげな買い物のための「藁人形」を見つけることに興味を持ったのである。

アムシェルは、フリードリヒ 2 世との関係を控えめに隠していたが、老領主との影響力を利用して、巨万の富を築き、政治的な利益を得たことは間違いない。彼はヘッセン州首相の代理人となり、1802 年にデンマーク政府が 1 千万ターラーを借り入れたのが、彼が手配した最初の政府融資であった。

当時は知られていなかったが、この資金は陸軍大将一家の莫大な財産から出たものである。

アムシェル氏は大衆の機嫌を取るために、利益の一部をフリードリヒ 2 世に譲ると宣言したが、結局は譲られなかった。この時から、ロスチャイルド家の運命は、金融・融資の歴史の中で最も驚くべきサクセスストーリーの一つとなるのである。

その息子であるウィリアム 9 世がフリードリヒ 2 世の後を継ぎ、1785 年に選帝侯ウィリアム 1 世[er]となった。当時、アムシェルは亡きフリードリヒ 2 世の「財務大臣」のような存在で、一族の秘密をすべて知っていた。

2 人はすぐに意気投合した。二人は 1743 年に生まれた。アムシェルは、選帝侯ヴィルヘルム 1 世（[er]）から本当の財産を隠し、いつも同じ服を着て貧しいふりをした。ヴィルヘルム選帝侯の財産を管理するようになった瞬間から、[er]、アムシェルの財産は雇い主の財産が減少するにつれて増加した。1794 年、選帝侯ヴィルヘルム 1 世 ([er]) が逃亡する事件が起きた。フランスの将軍ホシュがコブレンツを占領したのである。

占領によって自分の不正行為（実は藁人形であるアムシェルの企み）が露呈することを恐れた選帝侯ヴィルヘルム 1 世は、[er]、アムシェルに経営権を渡して逃亡したのである。

これは、ロスチャイルド家がいかにしてお金を手に入れたかという実話である。それは、質屋でも、巧みな投機でも、その他広く受け入れられているロマンチックに聞こえるおとぎ話でもない。

息子たちの天才ぶりは、ヘッセン州伯の幸運に起因するものであり、5 兄弟の空想的な「天才」によるものではない！？純粋に「改造による窃盗」のケースである。

マイヤーは 1812 年 12 月 12 日にフランクフルトで亡くなり、5 人の息子に遺産を残し、5 人の娘にはそれよりも少ない額が残された。

第3章

ロスチャイルド家、欧州上流社会へ進出

メイヤーが 5 人の息子にほとんどの財産を残し、娘にはほとんど残さないのは、彼や彼の祖先が女性を弱者として見ていたことの表れである。

女性は家族内の見合い結婚や、ビジネスのために利用されるものだった。つまり、結婚とは商業的な利益を得るために行われるものだったのだ。

メイヤーの頭の中には、男女の「平等」という考え方は存在しなかった。近代社会主義者が主導した女性の権利平等運動は、それから100年以上経ってから行われたが、それは主に非ユダヤ人女性の権利平等に限定されていた。アムシェルはヨーロッパの国々をパンのように分割し、ドイツ、オーストリア、イギリス、イタリア、フランスを「自分たちの領土」として息子たちに割り振った。

その後、家族の一員であるシェーンベルクという人を、アウグスト・ベルモントという名でアメリカに送り込んだ。彼は、連邦準備制度を法制化するための法案を密かに成立させた、隠れた立役者となったのです。

ロスチャイルド家の息子たちの関心は国際金融と銀行業に移り、ヨーロッパの主要都市、パリ、ナポリ、ウィーン、ロンドンに支店を設け、それぞれ 5 人の息子のうちの 1 人が厳重に管理していた。一方、「ベルモント」は

銀行業 とアメリカの民主党政治に大きく関与するようになった。ロスチャイルド家は、比較的短期間のうちに、ヨーロッパ全体を自分たちの軌道に乗せ、影響下に置くことができたのである。彼らは官吏を買収し、ヨーロッパの君主や王侯と親交を深めながら、部外者が一族に入り込まないように配慮していた。娘の一人が「恋」を始めると、冷酷に打ち砕かれる。兄弟は結婚をビジネスとしてとらえ、パートナーシップのために結婚を斡旋していると聞かされる。

ロスチャイルド家が、ヨーロッパだけでなく、極東、そして後にはアメリカにおいても、最大の勢力と影響力を持つようになるまでには、わずか一世代の計画、陰謀、世論操作しか必要なかったのである。結婚することで、一族は結束を固め、強力な戦線となった。1815 年、オーストリアは 5 人の兄弟に「男爵」という世襲制の称号とそれに伴う土地財産を与えることで道を開いた。彼らの名声、富、権力への急成長は、見ていて驚くべきものでした。彼らは、「通信員」であり「特権的な情報源」であるフォン・トゥルン&タクシズとの緊密な相談なしには、決して決断や行動を起こすことはなかった。

政治的な地位が得られない場合は、買収された。例えば、フランクフルトのトップであるメイヤー・アムシェル氏は、プロイセン枢密院の商務委員会の席を買っている。これは、これまで王族にしか許されなかった地位であり、その成功はプロイセン貴族社会を震撼させ、多くの警戒心を抱かせた。

ブルボン王政復古（ロスチャイルド家が大きな役割を果たした）の後、末弟のジェームズ（ヤコブ）は、パリにロスチャイルド銀行の支店を設立するための認可を受けた。

鉄道の重要性をいち早く認識したジェームズは、いくつかの新線に出資し、巨額の富を手に入れた。彼はブルボン家に数百万フランを貸し付けました。

ナタンは5人兄弟の中で天才だった。三代目である彼は、他のメンバーが相談する相手だった。 、兄弟はイギリスに引っ越すことを決め、ネイサンをロンドンではなく、北部の厳しい工業都市マンチェスターに送り込んだ。これは、ロスチャイルド家が、ロンドンに拠点を移す前に、同市の布地貿易で大きな商業計画を立てており、それを十分に生かそうと考えていたためである。イギリス陸海軍の軍服の生地は、もともとほとんどがドイツから調達していた。ロスチャイルド家は、フォン・トゥルン&タクシスの郵便専売局から提供される「郵便情報」によって、ナポレオンとの戦争が間近に迫っていることを知る。ナタンはすぐにドイツに派遣され、これらの生地の在庫をすべて買い占めた。

マンチェスターのメーカーが、イギリス政府から陸海軍の軍服製造を依頼されたとき、いつものように代理人をドイツに派遣して必要な布の在庫を確保しようとしたが、すでにすべての生産がネイサン・ロスチャイルドに売却され、そこから購入しなければならないことを知った。

このニュースがマンチェスターに届くと、激しい騒動が起こった。ナタンはいつしか身の危険を感じるようになった。マンチェスターで 5 年間過ごした後、ナタンは 1805 年にロンドンに移った。

むしろ、「逃げ出した」という表現の方が適切だろう。彼の行動に対する世間の怒りが高まり、そうせざるを得なくなったのだ。

ネイサンが大きな成功を収めた大きな理由の一つは、迅速なコミュニケーションがライバルに勝つための鍵であることを理解していたことだ。通信には最速の騎手や船、伝書鳩まで使った。彼は貪欲に「内部情報」を探し出し、それを競合他社や政府から隠していた。彼は、ヨーロッパのすべての首都に秘密工作員を配置していた。

この忠実な集団は、冬でも夏でも夜間走行に躊躇することはなかった。彼らは最高品種の伝書鳩を飼育し、最速の船で航海し、時にはフランスとイギリスの間の航路を買い占め、競争相手を妨害した。

ネイサンの最大の得意技は、デフォルト（債務不履行）に陥った、あるいは陥ろうとしている国債を、大幅なディスカウントで買うことだった。しばらくすると、政府から額面通りの返済を迫られるようになり、ナタンは信じられないような利益を得ることができた。ヨーロッパの半数以上の政府の財務代理人となった。例えば、イギリスの著名な作家である H・G・ウェルズは、*ニューヨーク・アメリカン紙* (1924 年 7 月 27 日付) で「人類の精神的、道徳的進歩は 18 世紀で終わった」と発言しています。

ウェルズは、ロスチャイルド家からも高く評価されており、ウェルズが「世界国家」と呼ぶ国際連盟の構想は、必然的なものであったと好意的に受け止められていた。この目的のために、アーランガー家は 3,000 ドルを寄付し、N.M.ロスチャイルドも寄付をした。

アイルランドの劇作家ジョージ・バーナード・ショーは、ヒエール・ベロックに「1790 年に何か大きなことが起こった」と語っている。このことは、*New York Times で報道されました。*

> 1779 年にアムシェル・ロスチャイルドが地上最大の富豪であるヘッセル・カッセル伯爵の主人となった 18 世紀半ばから後半にかけての大革命運動のことを指していると考える根拠があるのだ。

第 4 章

エリコ（フランクフルト）の城壁は崩れつつある

先ほど、ドイツのフランクフルトには 500 世帯のユダヤ人しか住むことができなかったと言った。メイヤー・アムシェルの問題対処は、彼のトレードマークとなった。ナポレオンの息子が生まれた時、フランクフルトのダルベルク大公はパリに弔問に行こうとしたが、どこの銀行もそのための資金を貸してくれなかった。

しかし、アムシェル老人は、ダルベルクを自分の債務者にする可能性を見いだし、8 万グルデンを 5 パーセントで貸したのである。利子さえ払えば、大公に返済を迫ることはないが、同時にロスチャイルド家から要求される好意は、大公が断れるもの、断れないものはほとんどなかったのである。

アムシェルとその一族は、フランスのイギリス不買運動に反抗して大規模な密輸を行い、ロスチャイルド家を大儲けさせた。アムシェルに疑惑の目が向けられ、1809 年 5 月に襲撃が計画された。

ダルベルクは、アムシェルから有利な金利で金を借りる機会を逃さなかったので、執行警視総監のフォン・アイツレインを通じて、差し迫った襲撃をアムシェルに知らせた。

サヴァグナー警部とその部下が到着したとき、マイヤー・アムシェルがベッドにいるのを見つけた。ナポレオンの貿易ボイコット検査官は手ぶらで帰ってきたが、それでもアムシェルはわずか 2 万フランの罰金を科されただけで、検査官によって密輸が発覚していれば刑務所行きになっていたところを、免れたのである。

騒動が収まると、アムシェルはフランクフルトに居住を許されるユダヤ人家族の数の制限という問題に取り組んだ。彼は、まだ元金を借りているダルベルグに声をかけた。

この法律では、ユダヤ人の一家がこの街に住むには、年間 22,000 グルデンの税金を払わなければならないことになっていた。アムシェルとそのパートナーの一人であるグムプレヒトは、キリスト教徒多数派が強く反対していたフランクフルトでのユダヤ人の市民権取得を一括で受け入れるよう大公を説得した。さらに、アムシェルは、市民権の平等だけでなく、ユダヤ人が自分たちの統治機関や評議会を作ることを要求した。

強欲なダルベルクは、アムシェルの提案した一時金を年会費総額の 20 倍にすることを要求した。

アムシェルたちはこの要求に応え、29 万 4 千グルデンを現金で、残りを無記名債券で支払った。

アムシェルは、大公への手紙の中で、その取り決めと条件を確認し、謙虚で卑屈な振る舞いが要求されるときには、その術中にはまることを示した。

> もし私が吉報の使者となり、それが我々の最も優れた主である大公殿下の好意により署名され、我が国にその大きな喜びを知らせることができたならば、あなたは私に郵便で知らせるように親切にしてくれるでしょう、私があなたの親切と恵みを乱用していることを告白してください。しかし、殿下とご一家が天からの大きな報いを期待し、多くの幸福と祝福を受けることは間違いありません。実際、私たちの全ユダヤ人コミュニティ は、幸運に

も平等な権利を得ることができれば、市民が支払うべきすべての会費を喜んで支払うことでしょう。

アムシェルが「フランクフルトのユダヤ人は独立した国家である」と豪語していることに注目しよう。この協定が採択されるまでには時間がかかったが、採択されるとアムシェルは直ちに、1809 年 5 月にアムシェルに密輸入の計画を知らせた褒美としてか、フォン・アイツライン（ユダヤ人）を初代会長とするイスラエル宗教共同体の運営組織の設立を発表した。元老院やキリスト教徒は激怒し、この協定はユダヤ人に特別な特権を与えるものだと、直ちに攻撃してきた。

ダルベルグは相当な報酬を受け取ったと噂されているが、公表はしていない。ダルベルクとユダヤ人に対する感情はピークに達した。平等な権利と引き換えに賄賂を受け取ったという告発がなされたのだ。ナポレオンが倒れると、ダルベルクは退位し、ヘッセンのフォン・ヒューゲル男爵が後任に就いた。

アムシェルはオーストリアやプロイセンを恐れることなく、その政府を手のひらの上で操っていた。しかし、1814 年にウィーン会議でフランクフルトの地位が決定されたとき、ダルベルクの協定が守られないことを恐れていたのである。彼は、ヤコブ・バルーチとゴンパーズという人物を代表として送ったが、ウィーン警察は彼らを革命家として監視し、追放を命じた。

しかし、メッテルニヒ公は、アダム・ヴァイスハウプト、ナポレオン、ディズレーリ、ビスマルクがロスチャイルド家の傀儡（かいらい）であるように、ナタン・ロスチャイルドが作ったもので、その命令を取り消したのである。賄賂と汚職は公然と行われていた。

フンボルトは、本物の財産である美しいエメラルドの指輪 3 つと、4000 ドゥカートを差し出されたが、これを拒否した。

しかし、メッテルニヒの秘書であったフレデリック・フォン・ゲンツは、差し出された賄賂を受け入れ、ロスチャイルド家がオーストリアの有力貴族や政治家たちとの貴重な仲介役となることは永遠になかった .

ナポレオンが亡命先のセントヘレナからフランスに上陸したというニュースが議会に流れた時、「ユダヤ人問題」は脇に置かざるを得なかった。ウィーン会議は、国際的な銀行家が支配する最初の世界会議であり、ロスチャイルド家は、銀行家が決定事項を支配することに大きく貢献した。

第5章

ロスチャイルドが5大国を略奪

オーストリア代表のブオル・シャウエンシュタイン伯爵は、ダルベルグ＝ロスチャイルドがフランクフルトのユダヤ人と交わした取引に憤慨していた。

> 貿易はユダヤ人の唯一の生計手段であることに変わりはない。この民族は、決して他の民族と合併することなく、常に自己の目的のために団結しており、やがてキリスト教の事業を駆逐し、その人口は恐ろしく急速に増加し、やがて都市全体に広がり、ユダヤ人の商業都市が我々の由緒ある聖堂のそばに次第に出現することであろう。

私は、ロスチャイルド王朝の隆盛について書くために、大英博物館において、この一族に何らかの形で言及している文献の調査にかなりの時間を費やしたが、その内容の多くは、この資料から得られたものであった。バロン・ジェームズは素晴らしい人格者になった。王や大臣たちは彼に頼らざるを得なかった。彼は、革命と帝政の大きな戦争の後で資金を必要としていた維新政府に5億2千万フランの融資を行い、これを正当化したのである。トゥーセネルは著書『*Les Juifs rois de l'époque*』の中で、こう書いている。

> この日以前に、 銀行家の連合が、モスクワの作戦とワーテルローの大乱を買ったが、私たち（フランス）の国政に対するユダヤ人の干渉を忘れてはならない。1815 年、フランスは戦争賠償金として 1 億 5 千万フランの支払いを命じられ、フランクフルト、ロンドン、ウィーンの国

> 際金融機関の餌食となり、彼らは力を合わせてフランスの災難を利用しようとしたのだ。ジェームズ・ロスチャイルドは100フランの国債を50フランだけ支払い、5フランの利子を受け取ったが、これは10パーセントになり、貸した翌年には元金が 2 倍になるようになったのである。ヤコブは王家の貸し手となった。さらに、株の値上がりに影響する株式市場への投機も行い、男爵の収入は数百万ドルに膨れ上がった。
>
> 1815 年から 1830 年にかけて、ロスチャイルド家は、イギリス、ロシア、フランス、オーストリア、プロイセンという 5 つの大国から略奪ばかりしていた。例えば、プロイセンは 5%で 500 万ポンド借りたが、国債は 70%の350 万ポンドしか受け取れなかったので、実質金利は 7%以上であった。しかし、この取引のポイントは、数年後に社債を 100%返済することであった。ロスチャイルド家は1,500,000ポンドとその利子で利益を得た。1823年、ジェームズはフランスの融資をすべて引き受けた。

ヴェルナー・ゾンバート教授は、その著書『ユダヤ人と経済生活』の中で、次のように述べている。

> 1820 年以降はロスチャイルドの時代となり、今世紀半ばには「ヨーロッパにはロスチャイルドしかいない」というのが通説になった。

先に説明したように、ディズレーリの小説作品『コニングスビー』は、ネイサン・ロスチャイルド二世の生涯を薄く描いたもので、極めて明解な内容であった。

> 彼の父親（ネイサン・ロスチャイルド）は、主要な首都のほとんどに兄弟団を設立していた。そこで彼は、世界の金融市場の支配者であり、もちろん、事実上、他のすべてのものの支配者であり、主人であった。彼は文字通り南イタリアの歳入を質に入れており［ナポリのカール・ロスチャイルドを通じて］、各国の君主や大臣たちは彼の助言を仰ぎ、彼の提案に導かれているのである。パリとナポリの間で、シドニーは 2 年間を過ごした。シドニーは心がない、愛情がない男だ。

ネイサン・ロスチャイルドがディズレーリに口述筆記し、フィクションとして出版した本だが、これほど正確なロスチャイルド家の歴史はないだろう。ディズレーリとは何者か？

ビスマルクは『*La Vielle France* N° 216』で、ディズレーリはロスチャイルドの単なる道具であり、大規模な内戦によって米国を解体する計画を立てたのはディズレーリとロスチャイルド家であると述べている。ディズレーリは、彼らが無名から栄光へと導いた創造物のひとつに過ぎない。祖父のベンジャミン・ディラエルは、1748 年にイギリスに到着した。彼の息子、イサク・ダイスラエルは 1766 年に生まれ、すぐにボルシェビキとなった。その中のひとつに『*アゲインスト・トレード*』という作品がある。

ディズレーリは父について、「学問のある人たちと一緒に暮らしていた」と述べている。その学識ある人物とは、ネイサン・ロスチャイルドとその側近たちである。ちなみに、「エル・イスラエル」（D'israeli?)とは、中東でユダヤ系の人々を指すのに使われるトルコ系のアラビア語名である。父の一族はトルコからイタリアに渡り、アンコーナかチェントに定住したと思われる。アイザックの専門は文筆業で、以前の多くの学者と同様、大英博物館に足繁く通った。

麦わら帽子、大理石、ミョウバンなどの輸入業者でもあったが、アイザックは執筆を希望していた。

1788 年、父は彼をフランス、イタリア、ドイツに留学させた。1789 年にイギリスに戻り、*『The Curiosities of Literature』*を執筆し、社会主義者ジョン・マレーから出版された。この本は 13 版を重ね、文学的な成功を収めた。

ベンジャミンは、おそらく父親から文才を受け継いだのだろう。

1804 年、貧しい家庭に生まれたベンジャミンは、ユダヤ教の慣習に従って 8 日目に割礼を受け、ユダヤ教の教えを受けながら育った。彼はそれを誇りに思っていたが、公職に就く限り、自分の「ユダヤ人」であることが不利になることを、かなり早い時期から知っていたと思われる。当時のイギリスでは、宗教上ユダヤ人が政党のメンバーになることが禁じられていた。

しかし、ネイサン・ロスチャイルドの命により、1817 年 7 月 31 日、13 歳のベンジャミンはキリスト教の洗礼を受け、当時、試験法によってユダヤ人を締め出していたイギリスの社会と政治体制に入ることができるようになったのである。ナタン・ロスチャイルドの命令は、ユダヤ人に対するあらゆる障壁を取り払うことだった。

内務大臣だったメルボルン卿に「私はイギリスの首相になるつもりだ」と言ったことがあるが、メルボルンは空想的であり、不可能だと思った。もちろん、メルボルンは、ディズレーリとロスチャイルド家の関係を当時は知らなかった。しかし、その前に必要な資金をどこからか調達しなければならない。22 歳の時、彼は株式市場に「投機」し始めた。

あるトーマス・ジョーンズ（おそらく偽名）は、最初に 2,000 ポンド、次に 9,000 ポンドを用意したのです。トーマス・ジョーンズ」がネイサン・ロスチャイルドに他ならないと結論づけるのは、それほど想像力を必要としない。

ナポレオン 1 世^{er}、ビスマルク、メッテルニヒ、スール元帥（ワーテルローでナポレオンを裏切った）、カール・マルクス、ボンベルス、ラサール、ヘルツ、ケレンスキー、トロツキーの伝記作家と同様、かつては非実体だったディセーリに対する賞賛が溢れている。スコット卿の義理の息子である J・G・ロックハートは、1825 年にこう書いたとき、我を忘れていた。

> 正直言って、これほど有望な若者に出会ったことはない。学者であり、勤勉な学生であり、深い思考力を持ち、大きなエネルギーと等しい忍耐力を持ち、疲れを知らない応用力を持ち、徹底したビジネスマンを目指しているのです。彼の人間に対する知識と、すべての考えの実際的な傾向には、20 歳を過ぎたばかりの若者の私がしばしば驚かされました。

別のまぶしい友人はこう書いている。

> 地位もなく、重要な友人もなく、財産もなかったが、有能な科学者であり、その大胆な発想と輝かしい勝利で体制側を驚かせたのである。彼は、事実上の天才に等しい、最高の自信をもっていた。彼は決して落胆することはなかった。

もちろん、そうです。ネイサン・ロスチャイルドの支援を受け、世界を手中に収めたのである。歴史が塗り替えられるのなら……。

> イギリス貴族は「フランス」革命でも滅びず、ロスチャイルド家に代わってディズレーリがユダヤ人を倒すまで、ユダヤ人と無条件に対立していたのである。ディズレーリは、イギリス社会とその政治体制の中枢に入り込んだトロイの木馬であった。
>
> (チェレップ・スピリドヴィチ伯爵と大英博物館の資料）。

1922 年 12 月、イギリスの『ガーディアン』紙に、ジョン・クラーク博士の記事が掲載されたので、これを引用しておく。

> そして、この強力な企業（ロスチャイルド家）がフランスとイギリスの政府をどのように支配しているかは、最近の二つの事件から推察することができる。ロンドンの大使館 、フランス公使館のティエリー書記官が、数ヶ月前にロスチャイルド一族のユダヤ人女性と結婚した。そして今、ボナ・ロウ［ディズレーリの政策を踏襲すると約束したイギリス首相］の新党「保守党」の隠れた指導者たちも同じである。

> 政府は、ローズベリー伯爵夫人ハンナ・ロスチャイルドの娘を妻に持つ非外交的な「自由主義者」であるクルー侯爵夫人をパリ駐在大使として派遣するよう彼に勧めた。ここに英仏同盟の真の基礎がある。「R.F.」はロスチャイルド兄弟の略で、大英帝国、フランス共和国、その他モスクワとワシントン間のほとんどの共和国や王国をカバーしている。

イギリスの政治に驚くべき変化をもたらしたのは誰なのか。ボナールロウ首相を「コントロール」したのは、ディズレーリである。バックルの『*ディズレーリの生涯*』では、ディズレーリを作ったのが誰なのか、著者は全く明らかにしていない。

> "英国史においてディズレーリほど素晴らしい経歴はなく、これまでこれほど謎に包まれた人物もいない"。

実際、「謎」はまったくなかった。しかし、ナタンとその息子ライオネル・ロスチャイルドがいれば、ディズレーリは小さな親しい家族の輪の外に存在することはなかっただろう。1832 年から 1837 年にかけて、ディズレーリは未払い金問題で大きな悩みを抱えていた。1835 年 4 月、彼は「債権者からつまはじきにされないように」と、愛人のヘンリエッタ・サイクス夫人に宛てた手紙の中で、多くの時間を屋内で過ごすことを余儀なくされた。

1835 年 8 月、ディズレーリは債権者から逃れるためにブラデナムへ向かった。その中には、オースティンがいて、彼を逮捕して債務者刑務所に送るようにと脅迫してきた。ブラデナムでは、小説『*ヘンリエッタ・テンプル*』を書こうとした。この頃、彼の借金は執筆活動に影を落としていた。7 月になると、もう一人の債権者であるトーマス・マッシュが支払いを急ぐようになり、ディズレーリは（思い切って外に出ると）逮捕されるかもしれないという恐怖に怯えながら歩いていた。

常に財政難に陥り、20 歳で多額の借金を抱え、1832 年から 1837 年まで挑戦した下院の議席を得ることができなかった彼を、10 歳の時から見守ってきたロスチャイルド家は「付き人」にしたのである。

1849 年に妹のサラに宛てた手紙の中で、ベンジャミンはこのことを認めている。その年は、彼の人生の中で最悪の経済状況だった。債権者から嫌がらせを受け、裁判所に出頭しなければならなくなった。

ディズレーリは、バックルが主張するように「イギリスを最高の地位に引き上げた」わけではありません。それどころか、彼がやったことは、イギリスを一連の悲惨な戦争に備えることだった。彼は、「大ロシア」が英国にとって危険で脅威であるとする嘘で、何世代にもわたって英国人を恐怖に陥れたのです。グラッドストーン首相は、ディズレーリが嘘をついていると非難した。ロシアの「危険」疑惑について、彼は誠実に対応していたのだろうか。

グラッドストーン卿は、「真剣に取り組んでいるのは、妻とレースの 2 つだけだ」と言った。グラッドストーンは、ベンジャミンがロスチャイルド家について「本気」であることを知らなかったのは明らかである。ロスチャイルド家、ライオネル家、メイヤー家、アンソニー家、モンテフィオーレ家などには、ベンジャミン・ディズレーリが適任である。妹のサラに宛てた手紙には、ハネムーンの後、モンテフィオーレ夫人の家でパーティーがあり、「クリスチャンの名前は一人もいなかった」と書いている。

ベンジャミンが、その高い地位から「知」を提供し、師匠たちに大きな貢献をしてきたことは間違いない。

ロスチャイルド家が有利なスエズ運河融資を開始できたのは、この「スパイの仕事」の一つであったことが知られている。

ディズレーリによる「クーデター」と表現されたが、事実はそう単純ではない。ディズレーリは、秘密の「諜報機関」を通じて、エジプト皇太子 、イシュマール・パシャが万国スエズ会社の株を売りたがっていることを知ったのである。

フォン・トゥルンとタクシスの郵便管理による「情報」のおかげで、1875 年 11 月 15 日、ディズレーリは、ケディブがフランスの 2 つの銀行と株式売却の交渉をしていることを知らされることになった。ディズレーリは、すぐにロスチャイルド男爵のもとに駆けつけ、このために英国政府に融資することを承諾してくれた。この計画は、ライオネルとディズレーリによって練られ、11 月 24 日に英国内閣に提出され、受理された。ライオネルの素早い行動力は語られないので、世間的には「ディズレーリの演出」のままである。

チェレップ・スピリドヴィッチ少将の著作集から引用されたこの記述は、ネイサン・ロスチャイルドとその近親者、ロンドンに住む遠縁者、そして伝説の人物ディズレーリにまつわる神話や伝説の払拭に大きく貢献するものである。

第6章

ベンジャミン・ディズレーリ：スパイロスチャイルドの手先として

特に 1835 年、1849 年、1857 年、1862 年には、ベンジャミンの借金が現在では約 30 万ドルに達し、返済のめどが立たない状態であった。ロスチャイルド家は、常に彼の財政問題を救済する準備ができており、ウィンウィンの関係であった。敵であるポートランド公爵に追われる身となった彼は、ロスチャイルド男爵のフロントマンであるフィリップ・ローズという人物に「金を貸してもらった」。彼は、たまたまロスチャイルド男爵と同じ時期にトーキーのホテルに泊まっていたのである。ローズはロスチャイルドを説得して、ディズレーリに必要な資金を貸したのだと思われる。イギリスの東海岸に位置するトーキーは、高級ホテルやスパが立ち並ぶおしゃれな海辺のリゾート地で、王族やその親族がよく訪れていた。同年 12 月、ベンジャミンは妹に宛てた手紙の中でこう書いている。

> "彼は貸すのではなく、友達にあげるのが好きなんです。" "私からは関心を持たないので..."

私は、世界で最も有名な人々の歴史を調べ、彼らの人生においてロスチャイルド家が果たした役割を発見することを提案する。また、同じ理由で革命や戦争にも目を向けます。大変な作業ではありますが、これまで以上に必要なことです。

支配エリートの歴史にはあまりにも多くの嘘があり、私たちの感覚は鈍り、これらの激動の矢面に立たされ、なぜこれほどひどい犠牲を払わなければならなかったのか、、この世界の普通の人々に真実が知られることはあるのだろうかと思います。もちろん、多くの人が納得するようなプロパガンダによって打ち出された説明もあるが、真実を知りたい人にとっては、「愛国心」「国を愛する心」「民主主義のために世界を安全にする」「すべての戦争を終わらせる戦争」を語るだけでは不十分なのである。あまり歴史を遡ることはできないので、世界を襲った爆発的な動乱の中から、18 世紀とそれに関わった人物から始まり、20 世紀に至るまでを紹介しましょう。ここでは、紙面の都合上、これらの出来事のうち最も重要なものに限定してご紹介します。

フランス革命の大混乱にロスチャイルドが関与したという具体的な証拠はないが、歴史家たちは、ロスチャイルドが一部の代理人を通じて、その背後にいたと考える傾向がある。彼らがよく知るキリスト教を憎み、フランスからキリスト教王政を排除しようとしたことが、革命の原動力となったのである。キリスト教への反対は、ロスチャイルド家があらゆる機会でキリスト教と対峙するための間接的な行動を起こす動機となる要素である。

それ以来、戦争はすべてロスチャイルド家の支持する国際社会主義を推進するために行われるようになった。

大英博物館にある文書によると、ロスチャイルド家は 1770 年以降のすべての反乱と戦争に深く関わっていたことがわかる。間接的には、モンテフィオーレ卿の叔父であるモーゼス・モカッタの銀行を通じて、ロスチャイルド家の一派がフランス革命の資金調達に参加したことを示す証拠もある。

メイヤー・アムシェルの息子ネイサンは、1806 年にモーゼス・モンテフィオーレ卿の義理の姉と結婚した。モンテフィオーレの娘ルイザは、1840 年にアンソニー・ロスチャイルド卿と結婚した。

事実に基づいた歴史へのアプローチにより、ダニエル・イツィグ、ダヴィド・フリードランダー、ヘルツ・ゲリベア、ベンジャミン、 アブラハム・ゴールドスミットといったユダヤ系銀行が、「フランス」革命の主要な資金提供者だったことが理解できるようになる。興味深いのは、マイヤー・アムシェルの子孫が結んだ 58 組の結婚のうち、29 組がいとこ同士の結婚だったことである。

1848 年以降、そのペースは加速していく。マルクスは、すべての戦争は国際社会主義を推進するために行われるべきであるとし、レーニンとトロツキーは、これを共産主義の教義に明記した。第一次世界大戦は、ロシアにボルシェビズムを定着させ、「パレスチナにユダヤ人の故郷」を作り、カトリック教会を破壊し、ヨーロッパをバラバラにするために始まったのだ。

国際連盟という名目で、初めて一つの世界政府を作ろうとしたのである。第二次世界大戦は、日本とドイツという民族精神が特に強い国を滅ぼし、ソ連を共産主義の世界大国にし、ボルシェビズムの勢力を世界の 4 分の 3 に拡大するために戦われたのだ。戦後、アメリカは、単一の世界政府を目指す次の試みである国際連合に参加するように促された。

第二次世界大戦は、国際社会主義者を多く含む権力者たちによって、憲法と共和制から離脱し、新しい世界ローマ帝国の役割を担うことを強いられたアメリカの様相を一変させた。つまり、アメリカは、キリスト教共和制から、国際社会主義の名のもとに世界を征服することを運命づけられた帝国主義国家に変貌してしまったのである。

その背景には、ロスチャイルド家の権力と資金、そして指導者の手があった。これらの戦争の引き金となった主要な出来事や、その他の重要な歴史的事象の検証を試みます。

フランスで革命が起こった当時、貴族や聖職者はフランス市民に対してリベラルな存在であった。ルイ・ダステの著書『*フリーメイソンと恐怖*』*によれば*、1789 年 8 月 10 日以前の記録に基づき、フランス国民が望んでいた自由、過度の課税からの解放、宗教の自由はすべて認められていた。私が歴史から学んだことが一つあるとすれば、それは、世界の普通の人々のためのあらゆる形の自由と正義を憎み、死にもの狂いで戦う悪の権力が存在するということだ。

このような政府体制が確立されるたびに、秘密の邪悪な支配者が現れ、極端な暴力と残虐行為に訴えて、この慈悲深い政府を転覆させてきたのである。例えば、ロシアでは、皇帝アレクサンドル2世が新憲法に合意していた。

ニコライ皇帝は「最初に撃つ者は撃つ」と脅して戦争を禁じ、皇帝たちは世界で最も教養があり、学識があり、気品がある人々として知られていたのだ。ストリピンは、皇帝が約束した自由と改革が実行されるのを阻止するため、ボルシェビキ革命派によって無残にも殺害された。

1789 年 8 月 4 日、身元不明の 83 人の人々がパリのオテル・ド・ビルを襲撃し、「われわれは 300 人だ」と叫んだ（その結果、彼らの支配者の隠された手腕を不用意に露呈してしまったのだが）。

フランスでは、通常、市役所が市民行政の中心となっています。ロベスピエールやダントンは、すぐにはこの血の騒ぎに加わらなかった。*ル・マタン・ド・パリ』の*編集者ステファン・ローザンヌは、1923 年 1 月 6 日の記事でこう述べている。

> 私たちフランス人は、地球の力についてすべてを知っていると思っています。しかし、大衆がその名前を綴るこ

> とすらできない人物については、何も知らない。シーザーやナポレオンよりも強力なこの男たちが、グローブの運命を支配しているのだ。これらの人々は、国家元首に指示を与え、 を統治する人々を支配し、服従させ、為替を操作し、革命を起こしたり、抑制したりするのです。

ロスチャイルドがナポレオンを自分たちの道具として作り、コントロールしていること、そして、コルシカの天才がこの事実に気づき、反乱状態になった時点で彼を排除したこと、その最初の表れが妻であるクレオールのジョゼフィーヌとの離婚だったことを、彼は知らなかったのである。フィリップ・フランシス氏は、*『ニューヨーク・アメリカン』紙に*「アメリカズカップの毒」というタイトルで、こう書いている。

> 理論的には、我々は自分自身を支配している。現実には、国際銀行家連盟のアメリカ支部の寡頭政治、略奪者連合によって支配されているのである。英国政府は、この世界の金の王たちが、これまで人民大衆に対する経済戦争を隠してきたカモフラージュである。

フランス革命の勃発にロスチャイルドが関与したという直接的な証拠はないが、ミラボーがパートナーのタレーランと同様に「レ・アミ・レユニ」というロッジのメンバーであったという十分な証拠が残っている。ミラボーとタレーランは、それまでフランス軍の無名将校だったナポレオンを見いだした。フランス革命の詳細は、フリーメイソンの有力者がよく集まっていたことで知られるヴィルヘルムスバッドのヘッセン州首相の宮殿で話し合われたとされ、「フランス」革命が計画された「メイエル・アムシェル」が主宰する「メイエルの向こう側、メイソンの知らない秘密の会議」との関連が立証されている。

また、ヴィルヘルムスバッドを通じてイルミナティの創始者アダム・ヴァイスハウプトとのつながりもあった。前述の書籍*『ロスチャイルド・マネー・トラスト』には、*

17 ページでこう書かれている。

> また、イルミナティが準備し、ユダヤ人が資金を提供したとされる 1789 年の血なまぐさい日々をもたらすのに大きな役割を果たしたこと、そして偉大なロスチャイルド家が金融の頂点に立ったところであることも、彼らの主張どおり受け入れられている。この王族に対する反乱が「ロスチャイルド大家」によって資金提供され、フランス革命がユダヤ人によって引き起こされたことを示す証拠があるのだ。これは、フランスでユダヤ人を政治的、市民的ハンディキャップから解放する最後の行為であった。

歴史上残念なことに、*The Rothschild Money Trust は*、フランス革命がロスチャイルド家によって資金提供されたという主張の裏付けとなる具体的な資料を提供していない。

1782 年、ヘッセル・カッセル伯爵の莫大な財産を「手に入れた」アムシェルは、当時乞食生活を送っていたヴァイスハウプトを誘う。ヴァイスハウプトは、義理の妹の妊娠中絶手術の費用を捻出するために奔走する、ささやかな男である。アムシェルとの会談を終えたヴァイスハウプトは、数百万フランを手にしてパリに到着する。彼は少なくとも 3 万人の最悪の犯罪者を「輸入」して、パリの隠れ家に設置している。ドイツでも同じようなことをしている。すべての準備が整い、舞台が 1789 年になると、パリは大混乱に陥る。フランスで勃発した革命の記録者である作家プジェ・サンタンドレによると、ダントンはユダヤ人であり、ロベスピエールも本名をルーベンという。*Les Auteurs de la Révolution Française』の著者*であるプジェ・サン・アンドレは、今日に至るまで答えのない問いを投げかけた。

> "条約 "はなぜ、あれほどまでに血を流したのか？流血の原因は、特権階級に対する民衆の憎悪だと言われている。死刑になった貴族の割合は、全体の 5%に過ぎないことをどう説明すればいいのだろうか。ルイ 16 世がすでに無

> 料で提供していたのに、なぜ、40 億フランと 5 万人の首という法外な値段で改革を買ったのでしょうか？

アーネスト・ルナンは、その著作『*フランスにおける君主制の憲法*』*の中*で、次のように書いている。*ルイ* 16 世の殺害は、最も醜悪な唯物論、最も恥ずべき恩義と卑しさの表明、最もありふれた悪意と過去の忘却の行為であった。このような犠牲を正当化するのは、王を死に追いやった者たちの血の気の多さ以外にはない。

第 7 章

恐怖の証言
フランス革命の

秘密結社とその子分たちがフランスを乗っ取るために行った仕事は、その後、ダントンやロベスピエールなど、ある者は恐ろしく残酷に、ある者は、いつか革命の背後にいる人々が誰であるかを明らかにする誘惑にかられないように、彼らを黙らせるために、すべて処刑されたと想像されます。

当時も今も、「300 人」の意思を阻止しようとする者に対しては、殺人が好んで使われる武器である。

アクトン卿は、フランス革命に関するエッセイの中で、このような見解を述べている。

> 呆れるのは、この騒動ではなく、そのデザインです。火と煙の向こうに、計算高い組織の証が見える。リーダーたちは注意深く隠蔽され、仮面をかぶったままですが、その存在は最初から間違いなく明らかです。

1904 年の日露戦争については、それを仕掛けた人たち、資金を出した人たち、その理由などに話を戻すが、今は一応、1924 年 12 月 9 日の*ニューヨーク・イブニング・ポスト*の編集者の言葉を引用しておこう。

> プロパガンダの霧の奥のどこかで、目に見えない不吉な手が、 日露の平和な関係を破壊しようとしている。日本は戦争を望んでいない。アメリカは確かに戦争を望んで

いない。それなのに、なぜ日本は監視し、不信に思い、武装し、最終的には戦うべき敵だと、いつまでも騒ぐのだろうか。

この 3 世紀の歴史上の人物の中で、ナポレオンほど有名な人物はいないでしょう。しかし、彼がどのようにして無名から有名になったのかについては、ほとんど語られていない。

タレーランがナポレオンをロスチャイルド家に紹介したとき、他の多くのロスチャイルド家の "養子 "たちと同様、ナポレオンは非常に貧しい状態であった。洗濯代を払うお金もなく、シャツは1枚だけだった。制服は、ポール・ド・バラス伯爵に捨てられ、後に結婚したジョゼフィーヌ・ド・ボワルネが用意してくれたものだった。

1786 年、ナポレオンは少尉として、貧しい無一文の下士官として、給料を補うために一軒一軒仕事を探して回っていた。ヨーロッパの人々が、「Liberté, Égalité et Fraternité」という理論的な三文芝居に飽き飽きした時代であった。アムシェルは、ヴァイスハウプトがカトリック教会との闘いにほとんど進展がないことに失望し、「新しい才能」を求めていた。アムシェル氏は、このコルシカ人の熱意と情熱に十分感銘を受け、まともな生活を送るための手段を提供した。H. Fischer は、大英博物館で参照した論文の中で、次のように書いている。

> 「1790 年、ナポレオンは当時不謹慎とされていた方法で、自分が全大隊の副司令官に選ばれることに成功したのだ。

どうやってそこに行ったのか？チャールズ・マクファーレン氏は、著書*「ナポレオンの生涯」*（以前は大英博物館にあり、私も参考にさせてもらった）の中で、この「驚異的な権力への上昇」に光を当てている。

オーギュスタン・ロベスピエールは、恐ろしい独裁者の弟で、1798 年のトゥーロン攻略の際、 ボナパルトと出会っている。兄と同様に冷酷な性格の持ち主であったアウグスティンと、あたかも温かい友情のような親密な関係を築いたことは、紛れもない事実である。

ウルフ・トーンの自伝（バリー1893 年）によると、ロベスピエールは照明家であった。

キリスト教信者であるナポレオンは、アムシェルの胸に燃えるキリスト教への憎しみをすぐに感じ取り、新しい金の供給者を満足させるために、シミュレーションに頼ったのである。彼は、カトリック教会に反旗を翻した。教皇の屈辱はアムシェルにとって非常に喜ばしいことであり、ナポレオンの懐にはますます大量の金が流れ込んでくるようになった。

彼の「驚異的な出世」、「驚異的な成功」はこうして説明される!現代風に言えば、ナポレオンの作家や伝記作家は、金の流れを追わなかっただけなのだ。

ヴァイスハウプトは、アムシェルによって「造られた」目的であるカトリック教会の破壊に失敗し、憤慨していたが、ナポレオンに目をつけられると、すべての仕事を任されることになった。タレーランはパリの、アムシェルはフランクフルトのメーソンに出入りして、その方法を考えていた。

ナポレオンにこう言ったのはタレーランである。

> 戦争は、教会を破壊する唯一の方法です。

H.G.ウェルズは、このことを認識して、コルシカ島の天才を「タフで、有能で、イニシアチブをとる（革命）破壊者」と表現したが、彼の後援者については言及しなかった。後援者の大金がなければ、これらの特質はほとんど役に立たなかっただろうからだ。

ケレンスキー、トロツキー、ディズレーリ、ロイド・ジョージ、ビスマルクのように、アムシェルは重要でなかったナポレオンを、ヨーロッパで最も重要な人物に仕立て上げたのである。

H.G.ウェルズから「革命を追求しなかった」と文句を言われたが、そんなことはどうでもいいのだ。アムシェルがナポレオンを圧倒的多数で終身大総督に任命すると、ヨーロッパの幕開けの舞台は整った。

アムシェルのキリスト教君主制とカトリック教会の破壊という使命を遂行する限り、ナポレオンは次から次へと成功を収め、魅力的な人生を歩んだ。*ナポレオンはいかに偉大であったか*」は、私が大英博物館で見つけたシドニー・ダークの優れた本で、その中で彼はこう書いている。

> ナポレオンは、富裕層や高貴な家柄に恵まれないまま生まれ、35 歳を前にして世界の支配者となり、46 歳で比類なきロマンティック・インポッシブルなキャリアに終止符を打ったのである。

これは、ナポレオンの背後にいる権力者、アムシェルとその数百万人、パリとフランクフルトのメーソンロッジ内部の計画者たちのことを完全に忘れていることである。1796 年 3 月 9 日、ナポレオンはジョゼフィーヌ・ド・ボアルネと結婚した。彼女はクレオール人で、性欲が強く、制服代をすでに支払っていた。

この結婚は、ロスチャイルド家が、ナポレオンをイタリア軍総司令官に任命していたポール・ド・バラス伯爵を通じて実現したものである。

ジョゼフィーヌはバラスの愛人だったが、彼女に愛想を尽かしたバラスは、二人の関係を終わらせようとした。バラス伯爵は、彼女がナポレオンに復讐するのを防ぐために、ナポレオンと結婚するように仕向けたが、これはナポレオンの人生と時代に関するほぼすべての作家が時折述べる「ロマンチック」な展開とはほど遠いものだった。

ジョゼフィーヌは、夫から渡された機密情報をもとにド・バラスを助けたが、その情報はもちろん直接ロスチャイルド家の手に渡った。1804 年のナポレオンの戴冠式は、アムシェルは無関心に扱っていたが、ローマ法王が招待されると、警戒心を抱いた。1810 年、ナポレオン（）がジョゼフィーヌと離婚し、大公夫人マリー=ルイーズと結婚すると、ロスチャイルド家は落胆し、怒った。ロスチャイルドは、王国を滅ぼし、カトリック教会をつぶす機会がますます少なくなることを予見していた。

1810 年、ナポレオンとの決着がつき、ジェームズ・ロスチャイルドはかつての英雄を破滅させることに着手する。

ナポレオンが次第に幻滅していく様子、革命の必要な帰結としてフランスのためではなく、国家支配を強化するために外国勢力のために戦っていることを知り覚醒した様子、彼の驚くべき出世にイルミナティとフリーメーソンが果たした役割、その全貌は彼の怒りをますます募らせることになります。

しかし、一旦、真実に目覚めると、ナポレオンは支配者たちに反抗するようになる。G・バッシーは『*ナポレオン史*』*の中*で、ナポレオンが変わり、猛烈な戦争への欲求を失い、宣言したと述べている。

"よかった、世界が平和になった"と。

ロスチャイルドは、もはやこれまでの道具を必要としなくなったのだ。彼らは「反ナポレオン同盟」という戦線に資金を提供し、立ち上げた。ナポレオンが軽視し始めた指導者たちは、今やナポレオンに敵対している。ロスチャイルドは、ナポレオンと教皇の関係を悪化させ、ナポレオンが知らないうちに、ラデ将軍による教皇の逮捕を命じたのである。これに対してローマ法王は、皇帝を破門に処した。

ナポレオンは、ローマ教皇の好意を得ようとした。次々と起こる不利な出来事に、彼は足元の地盤を感じる。イルミナティのエージェントであるスタップスの暗殺計画は、ラップ将軍の警戒によって阻止される。

ロシア軍の作戦は、補給の問題や食料不足に悩まされた。ナポレオンは、これが意図的な自軍への妨害行為であることに気づかなかった。彼はモスクワからの撤退を命じざるを得なかったが、その間に傷と寒さで死んでいく何千人もの兵士が、後方から到着したロスチャイルドのエージェントによって容赦なく射殺されたのである。

クリスチャンの命が失われたのは、大変なことだった。教皇の征服が失敗したことは、自信を失っていたナポレオンにとって重大な関心事であった。と指摘した。

> 帝国の連合体を束ねる更なる手段として、ローマ教皇を征服することも可能であった。私は、宗教のセッションだけでなく、立法のセッションも持つべきでした。私の評議会はキリスト教の代表であり、聖ペテロの後継者がその会長であったろう。

遅すぎた。ロスチャイルドは、このような計画が成功しないことをすでに見抜いていたのだ。1812 年、ナポレオンがなぜロシアを攻撃したのか、歴史家は誰も語ることができない。いろいろな説があるが、どれも正しくはない。アレクサンダー1 世^{er}は、この件に関して次のように述べています。

> 「ナポレオンは最も悪趣味な方法で私に戦争を仕掛け、最も不誠実な方法で私を欺いた。

ナポレオンは、グールゴー将軍に、「このままではいけない」と託した。

> 私は、ロシアと戦争はしたくなかった。バッサーノとシャンパーニュ（外相）は、ロシアの書簡は宣戦布告であると私に説得した。ロシアは戦争を望んでいると本気で思っていた。ロシアでキャンペーンを行った本当の動機

> は何だったのでしょうか？私は知らない、もしかしたら皇帝自身も私以上に知らないかもしれない。

ロスチャイルドは、ワーテルローの戦いでナポレオンを破滅させた。親交のあったスール元帥に裏切られたが、彼はロスチャイルド家に雇われていた。ナポレオンは、スールを数百万フランの給料でダルマチア公とし、ロジス元帥に任命したのである。ワーテルローでは、スールはナポレオン軍の側面を支える重要な村であるゲナッペを占領し、保持することができなかった。

さらに悪いことに、援軍を連れてくるはずのグルーチー元帥は、大砲の音を聞いて戦闘が始まったことを知りながら、24 時間遅れで到着してしまったのだ。スールについては、ナポレオンが苦言を呈した。

> ワーテルローでの私の副司令官であったスールは、できる限り私を助けてはくれなかった...彼の部下は、私の命令にもかかわらず、組織化されていなかった。スールはすぐに意気消沈してしまう...スールは無価値な存在だった。なぜ、戦いの間、彼はゲナッペの秩序を維持しなかったのですか？

さらに悪いことに、戦いの朝、コルシカ島の参謀の敵が、彼の朝食にひどい頭痛を起こす物質を入れた。ロスチャイルド家の権力と歴史の改ざん。ナポレオンは、自分に対する裏切りと反逆がなければ、ブリュッヒャーとウェリントンを圧倒的に打ち負かしたことだろう。スールは主人によく仕え、フランスで最も高い役職をいくつも与えられた。ビスマルクの父親であることは、しばしば指摘されてきたが、証明されたことはない。ビスマルクの母親がスールの愛人だったことがあり、ビスマルク自身もそれを認めている。

> 私が偉くなったのは、私の才能や能力ではなく、母がスール（300 人のうちの 1 人）の愛人であったことが、すべて私を助けてくれたのです。

ビスマルクは、ロスチャイルド家がメンケン家を通じて「製造」したものである。父ウィリアムはルイーズ・メンケンと結婚しており、チェレップ・スピリドヴィッチ伯爵はこの人がユダヤ人だと言っていた。ワーテルローでナポレオンを裏切ったスール元帥は、死ぬまでフランスで最高の地位を占めていた 300 人委員会のメンバーだった。

スールは、ウィリアム・ビスマルクの別荘にしばしば出入りし、若き日のビスマルクの父親として広く知られていた。このビスマルクの母親に対する「ホールド」があったからこそ、幼いビスマルクはジェームズ・ロスチャイルドの支配下に置かれ続けたのである。1833 年、ビスマルクは苦境に立たされ、財産を失う危機に陥った。ジェームズ・ロスチャイルドはディズレーリを通じて、若いビスマルクと親しくなり、彼を将来のヨーロッパの「保守的」な指導者にしようとしたのである。帝国議会議員オスカー・アーニムは、ビスマルクの妹マリアンと結婚した。

結婚後、ビスマルクは完全にリオネル・ロスチャイルドの指示のもとにあった。ビスマルクがこのことを認識していたことは、1871 年にヴァルター・ラテナウが行った発言で明らかにされている。

> ビスマルクを偉大な政治的天才、運命の人、ナポレオンのように悲劇的な宿命の印が押された人物とみなすことに固執する人々に対して、ビスマルクは、自分は偉大な摂理のある人間を信じていない、自分の信念によれば、政治的有名人は、偶然とまではいかないまでも、少なくとも彼ら自身が予測し得なかった状況によって名声を得たのだ、と繰り返した。

第 8 章

ビスマルクが明かす「ヨーロッパを支配する金融の高み

ビスマルクは、アメリカの南北戦争が、彼の言う「ヨーロッパの大金融国」によって煽られていることを確かに知っていた。このことは、1921 年 3 月に『*La Vieille France*』N216 号に掲載されたコンラッド・シーエム氏の驚くべき記録によって確認された。

シエムによると、1876 年にビスマルクから南北戦争について話を聞いたという。

> アメリカが 2 つの連邦に分かれることは、南北戦争のずっと前にヨーロッパの大財閥によって決定されていた。これらの銀行家は、米国が 1 ブロック、1 国家であり続ければ、経済的、財政的に自立し、自分たちの世界支配が揺らぐことを恐れていたのである。ロスチャイルドの声が優勢になる。
>
> 彼らは、自分たちに従順な 2 つの弱い民主主義国家を、活力と自信に満ちた自立した共和国に置き換えれば、莫大な戦利品になると考えたのです。
>
> リンカーンは、このような地下のたくらみを疑うことはなかった。彼は反奴隷主義者であり、そのように選出された。しかし、彼の性格上、一党独裁になることはできなかった。その時、彼は、ヨーロッパの邪悪な金融業者であるロスチャイルド家（ ）が、自分を彼らの計画の実行者にしようとしていることに気がついたのだ。南北の断絶を切迫させたのだ!ヨーロッパの金融の巨匠たちは、

> この断絶を決定的なものにし、それを最大限に利用しようとしている……。
>
> リンカーンの人柄に彼らは驚きました。彼らは、木こりの候補者を簡単に騙せると思ったのだ。彼の出馬は、彼らにとっては心配の種ではなかった。しかし、リンカーンは彼らの企てを見抜き、すぐに南が最悪の敵ではなく、金融業者であることに気づいた。彼はその不安を打ち明けず、ヒドゥンハンドの動きを見守っていた。無知な大衆を混乱させるようなことを公にしたくなかったのだ。
>
> 彼は、国際的な銀行家を排除するために、国家が仲介者なしに国民から直接借り入れできる借款制度を確立することにしたのだ。
>
> 彼は金融を学んだわけではないが、その強固な常識は、すべての富の源泉は国家の仕事と経済にあることを教えてくれた。国際金融機関の紙幣発行に反対した。彼は議会から、州債を売って国民から借金をする権利を得たのである。
>
> 地元の銀行は喜んでこのようなシステムを支援し、政府も国民も外国人金融業者の陰謀から逃れることができた。彼らは、米国が自分たちの支配から逃れられることをすぐに理解した。リンカーンの死は解決した。攻撃しようと決意した狂信者を見つけることほど簡単なことはない。リンカーンの死は、キリスト教にとって災難である。
>
> アメリカには、彼のブーツを履けるような大男はいなかったのだ。国際金融機関が再び世界の富の獲得に乗り出した。私は、彼らの銀行、狡猾さ、悪巧みによって、アメリカの豊かな富を完全にコントロールし、それを使って現代文明を体系的に腐敗させようとしていることを恐れている。私は、彼らがキリスト教全体を戦争と混乱に陥れることをためらわず、地球を彼らの遺産にすることを恐れているのです。

(本書の制作にあたっては、大英博物館での 10 ヶ月に及ぶ集中的な調査が行われたことを、あらためてお知らせしておきます）。引用されている書籍、「*セントヘレナで*

のナポレオンとの会話」、「*次の戦争でのプロパガンダ*」、ジョン・リーヴスの著作など、その他多くの書籍はすでに入手できない可能性がある)。

ロシアは、ロスチャイルド家の中でも特に憎悪の対象であり、ロマノフ家を敵視していた。ドイツの著名な歴史家であるティーゼンハウスの娘は、父のツァーリに対する不信感を共有していると書いている。

> ...しかし、彼に会った後、他の多くの人と同じように、彼女はアレクサンダーの率直さ、エネルギー、そして人格の高さに感銘を受けたのです。この印象は、忠実で献身的な友情へと変わっていった（アレクサンドル皇帝-ショワズール夫人）

チェレップ・スピリドヴィッチ伯爵によると、ネイサン・ロスチャイルドはロシアで革命を起こそうとしたが失敗し、ライオネルはドイツで革命が準備されていることをディズレーリに打ち明けたという。

> "ジェームズ・ロスチャイルド 3 世のトップエージェントがツァーリ・ニコライ 1 世に対して動員され、 クリミアで戦争を引き起こしたが、勝てなかったので、1855 年にニコライ 1 世を毒殺した。"(大英博物館資料「隠し味」、119 ページ）。

ディズレーリは、ロスチャイルド家の「告解者」として、あるいはアドバイザーとして、この重大な出来事に大きな役割を果たした。1827 年 12 月、ナポレオン 1 世の未亡人マリー・ルイーズ（[er]）は、ロスチャイルド家から 1 千万フランの融資を受けることができた。

1829 年 2 月 22 日、彼女は夫であるナイペルク伯爵を亡くしたが、これはすべての歴史家に謎のままである。

ウィーンのサロモン・ロスチャイルドの「書記官」に過ぎなかったメッテルニヒ公は、同じくロスチャイルドの子飼いのボンベルスに、「マリー・ルイーズの弱い性格を指導できる人物が欲しい」と告げたという。ボンベルはマリー・ルイーズの側近となり、後に彼女と結婚する。

ロスチャイルド家は、ニーベルグ伯爵夫人時代にナポレオン未亡人の心をつかんだボンベルスを通じて、彼女を完全にコントロールすることができるようになったのだ。

作家エドモン・ロスタンによると、ボンベルスは非常にハンサムだったという。E.E.カスウェル夫人はボンベルを次のように表現している。

> さらに野望を抱いている。その優しい声で、女性の耳にささやいた。ボンベルは金を持っているミス・キャバノーと結婚したかったのだ。彼は目標を達成した。彼の妻は、鉛のケースに入った彼女の心臓を残して死んだ。埋めたそうです。一年後、彼は別の金持ちの跡継ぎに絶望的な情熱を抱いたが、彼女は彼を拒絶した。 *帝国の犠牲者*』321 ページ

マリーの死後、ルイーズ・ボンベルはオーストリア皇帝のコントローラーに任命された。

> パルマでは彼女が毒殺されたという噂が流れ、その後もその噂は続いた（373 ページ）。

チェレップ・スピリドヴィチ伯爵は、その後のことをこう語る。

> ボンベルスは、サロモンとその書記官メッテルニヒの支援を受け、後にオーストリア皇帝となるフランツ・ヨーゼフの「教育係」に任命された。ボンベルは、1848 年以降、世界を驚かせたオーストリアの最も恐ろしい不忠実、卑屈、残虐行為の責任者であり、わずか 18 歳のフランツ・ヨーゼフが事実上の皇帝となり、ボンベルはロスチャイルドの命令を受け、実行する「王位の背後の力」であったのである。彼らの最初の行動は、ニコライ 1 世 er 、ハンガリーの将軍シェゼニーとその軍隊に慈悲を与えることを「シンクアノン」条件としたことであった。フランツ・ヨーゼフは、ロシア軍がオーストリアを去るとす

> ぐに、彼らを絞め殺した。(*ザ・ヒドゥン・ハンド*』123 ページ）。

ロスチャイルドは金貸しであると同時に、投機家でもあった。彼らの最大の関心事は、ヨーロッパとロシアの鉄道建設であり、これを掌握し維持した。大英博物館所蔵のこの記録では、ジェームズ・ロスチャイルドが、フランスに北方鉄道への融資を承諾させたことが記されている。

> 政府は自ら 1 億フランを投じてプラットフォームを建設したのだ。ジェームズは、荷馬車などを提供することで 6000 万円の支出に同意した。
>
> 40 年間、彼は年間 1700 万円、つまり 6 億 2000 万円の利息と 6000 万円の元本を収入として受け取っていた。この事業では、、ロスチャイルド家は預金者の資金 6000 万円を使い、4%の利子、つまり年間 240 万円を支払った。こうして、年間 1460 万フランの署名が得られたのである。国民を欺くために、『*ジャーナル・デ・デバ*』*は* 1843 年 7 月、ロスチャイルドが破滅したと主張した。フランスの報道機関は、パナマ事件の 50 年前から、すでに挑発者の役割を演じていた。ロスチャイルド家は、鉄道という豊かな獲物を何としても手に入れたいと考えていた。一時はフランス政府も正直になって、彼らの捕食に歯止めをかける気概があった。
>
> 1838 年、北部鉄道のマーチン氏は、国によって建設される鉄道網を議会に提案した。もし、銀行と運輸の独占を 2 本柱とするマーチン氏のプランが国会で承認されていれば、金融封建主義は最初から殺されていただろう。しかし、ロスチャイルド家は、自分たちが支配するマスコミを通じて、鉄道を買収する方法を見出したのである。1840 年、西部線と南部線はロスチャイルド家とフールド家に譲られた。

(フールド家は、ロスチャイルド家の命令を遂行するために、フランスに戦略的に配置された国際銀行家である）。1845 年には、主要な路線はすべてこの 2 社の所有になっていた。ロスチャイルド家に関する最も鋭いジャーナリストの一人が、『*ロスチャイルド家-世界の金融支配者たち*』という本を書いたジョン・リーブスである。同書からの以下のコメントは、リーヴスがいかにロスチャイルド家を取り巻く謎の幕を鋭く破っていたかを示しており、ネイサン・ロスチャイルドに関する観察は、おそらく他の誰にも引けを取らない。

> 彼が残した財産の額は、ずっと秘密にされてきた。事業は、4 人の息子たち（ ）が、海外の叔父たちと協力して行うことになった。娘たちにはそれぞれ 50 万ドルを残したが、母親と兄弟の同意なしに結婚すると没収されることになっていた。
>
> 従業員への遺贈も、慈善事業への遺贈もなかった。 ...ネイサンが初めて英国政府を助けたのは、1819 年、6 千万ドルの融資を受けた時である。1818 年から 1832 年までの間に、ネイサンは 8 件の融資を行い、その総額は 1 億 540 万ドルにのぼった。
>
> スペインや、かつてスペイン国旗を認めていた南米諸国とは、決して関わりを持たない。一部の歴史家の説明によると、これはスペインの異端審問のためだという。彼の成功の要因の一つは、彼を観察する人々を欺く、曲がりくねったポリシーにあった。
>
> 1831 年、ナタン・マイヤーはオーストリアのイドリアの水銀鉱山と、同時にスペインのアルマデナの同様の鉱山を掌握した。こうして、薬として欠かせない水銀はすべて彼の手に渡り、値段も 2 倍、3 倍と上がっていった。これは、すべての国の病める者、苦しむ者に恐ろしい結果をもたらした......。

ロスチャイルド家に関するもう一人の正確な報告者はマーチン氏で、その著書『*銀行と銀行家の物語*』には興味深い事実が書かれている。ナタンは従業員に、生活のために必要な以上のお金を一銭も払わなかった。少なくとも、従業員から強制された以上のお金を払うことはなかった。

リーブスは、ライオネル・ロスチャイルドについて、その著書205〜207ページで次のようにコメントしている。

> ライオネルは、莫大な財産を築くことだけに専念していた。このように、彼の仕事には細心の注意が払われていた。ライオネルは、特に海外からの融資の交渉に積極的に取り組みました。彼の会社は、生涯に18回以上、総額7 億円の国債の発行に関心を持った。この取引について詳しく説明すると、ヨーロッパの金融史をたどるようなものである。

ロスチャイルド家がどのように繁栄したのか、特に彼らの専門分野であるヨーロッパをはじめとする世界各国の政府への資金貸し付けについて理解するために、これまで何度も引用し、本書でも引き続き紹介するジョン・リーブス氏の著作と、大英博物館の資料に含まれる資料を検討した。

第9章

アメリカにおける黒人奴隷の無視されてきた側面

ロスチャイルド家が実践したアメリカでの金貸しの成功という側面に触れる前に、近年生じている奴隷制の問題を取り上げてみることにする。黒人の子孫には、先祖が受けた苦労を償うべきだという意見もある。

ロスチャイルドが奴隷制度を口実にアメリカ南北戦争を引き起こしたことを考えると、これは重要な問題である。このアイデアは、ロスチャイルド家がロンドンに集まったライオネルの娘の結婚式の後、ベンジャミン・ディズレーリ、ライオネル、ジェームズの 3 人が夕食を共にした時に出たと言われている。チェレップ・スピリドヴィッチ伯爵によると

> ...ロスチャイルドはアメリカの南北戦争を計画し、意図的に引き起こした。

1812 年以来、南部と北部の対立はあったが、ロスチャイルドの隠された手腕がなければ、この戦争は起こらなかったかもしれない。

南部は奴隷制度が経済的に有利でないことに気づき始めていたにもかかわらず、感情を操作し煽ることで、この争いは戦争の理由となった。

アメリカでは奴隷制度は決して許されるべきではなかったが、残念ながらそうなってしまった。奴隷制には様々

な種類があります。ヨーロッパでは、貧しい人々は、絶望的な貧困と劣化の束縛の中で生きていた。イングランドとアイルランドでは、同じような話だった .貧しい人たちは、ひどい環境で暮らしていた。彼らの息子たちは軍隊に徴用され、何百万人もの命が奪われた。

イギリスの将軍、特にダグラス・ヘイグ卿は、自分たちが受けた大きな損失に対して関心がないことで有名であった。アイルランドでは、何百万人もの餓死者が出た。本来、奴隷制度は全世界的に非難されるべきものであったが、それでもアメリカでは容認されていた。しかし、比較的、ヨーロッパ、アイルランド、イギリスの貧しい層は、アメリカの奴隷と同じように苦しんでいたのである。

時折、アメリカの奴隷はアイルランドやイギリスの奴隷と条件を変える気があるのか、と問われることがあった。しかし、クエーカー教徒と「奴隷制廃止論者」の隠された手は、南部を吹き飛ばすために奴隷制の問題全体を捏造した悪魔が思い通りになるまで、南部を中傷する太鼓を叩き続けた。

アメリカの黒人奴隷は、一般にこのようなひどい目に遭わされたことはなかった。このように、奴隷廃止論者やクエーカー教徒によって書かれ、説かれ、説明されたアメリカの奴隷制度について、時に誇張された描写を検証すると、公平であるならば、比較的、アメリカの黒人奴隷はヨーロッパやイギリスの貧しい人々に比べてはるかに良い待遇を受けていたと認めざるを得ません。

> 19^e 世紀の初め、イギリスは、政府の誤った原則、商工業の無知で盲目的な文化のために、最も反対で矛盾した極端に押し出された国家のような様相を呈していた。
>
> 無限の富を持ちながら、アイルランドの貧しい農民を飢えさせ、労働者階級の窮乏と苦痛は、暴動と反乱に終わる恐れがあるほど大きく、筆舌に尽くしがたいものであ

った。

貧乏人の苦労に加え、恥ずべき政治制度があった。モラルは低く、汚職や陰謀が日常茶飯事だった。皆の思いは、他人の苦しみを完全に忘れ去ることに向けられていた。

汚職が蔓延し、王室と小選挙区の独立が脅かされていたのだ。（ウィリアム・モールズワース卿)

1797 年、イギリスの銀行は、戦争と大陸の列強の半分を補助金で支援するために毎年何百万ドルもの借金をしていた政府の要求のために、大困難に陥っていた。(ジョン・リーブス『*ロスチャイルド家*』162 ページ）。

ロスチャイルド家も自分たちの幸運を信じられなかったようだ。ディズレーリが小説『*コニングスビー*』の中で創作した「シドニア」というキャラクターは、実はネイサン・ロスチャイルドがモデルになっているのだという。

国家が、その信用を維持するために、そしてその信用によって帝国としての存在を維持するために、一個人に期待することほど不合理なことはないだろう。(248 ページ)

この文章は、ロスチャイルド銀行家と、彼らが多額の融資を通じて英国政府を支配していたことを、非常に正確に描写している。

かつてガーフィールド大統領が言ったことも頷ける。お金を支配する者がこの国を支配する。ロスチャイルド家の子孫もこの伝統を受け継いでいる。例えば、ロスチャイルドはイギリス政府のスエズ運河プロジェクトに資金を提供した。ライオネルの資金援助がなければ、スエズ運河は開削されなかった可能性が高い。

イギリス政府がケディブから購入した土地の代金 2000 万ドルを支払ったのは、ライオネル・ロスチャイルドであった。しかし、彼らの事業と同様に、ライオネルは数時間しかかからないエンドースメントで 50 万ポンドという高額な見返りを要求し、受け取ってしまったのだ。

そのずっと前に、マイヤー・アムシェルが、息子のネイサンをイギリスに送ることがロスチャイルド家にとって有利になると考え、マンチェスターに居を構えたのである。トーマス・バクストン卿によると、アムシェルがナタンをマンチェスターに住まわせることにした理由は、すでに本書で一部説明したとおりである。

1789 年、多くのイギリスのメーカーがフランクフルトに人を派遣し、商品を提供した。ロスチャイルド家の仕掛けは、彼を長く引き止めておいて、ドイツへの大号令をかけることであった。

一方、ナタンはマンチェスターに送られ、そこで綿花と染料を買いそろえた。代表者が注文を持ってマンチェスターに戻ると、メーカーはこれらの材料をネイサンに買いに行かなければならず、彼は 3 倍の値段を請求し、さらに商品の販売も拒否して、ネイサンの父親に巨額の「損害賠償」を払わせることになった。そして、その綿と染料を、最低の値段で作ってくれるメーカーに持ち込むのである。この基本的なトリックによって、マンチェスターでは多くの人が破滅した。

この略奪は、マンチェスター中を激怒させた。ロンドンには証券取引所があり、搾取の場が広がっていたのだ。後年、取引所のメンバーの中で、ネイサンのように、5 年の間に資本金を 2500 倍にしたことを自慢できる者はいなかった。 ジョン・リーブス、*ロスチャイルド家*、167 ページ）。

ナタンが突然ロンドンに行ったもう一つの理由は、大英博物館にある文献に記されている。

> また、ヘッセル・カッセル公ウィリアム 9 世（1785-1821）がアムシェルの説得により、ロンドンでの事務をファン・ノッテンの銀行からネイサンの手に移したからである。もちろん、「偶然」フランクフルトからイルミナティの一団がネイサンを伴ってロンドンにやってきて、同

じことをしようとしたが、イギリス人はあまりにも賢かったので、騙されることはなかった。

フランスがドイツに侵攻したとき、ウィリアム 9 世（現選挙王）はアムシェルに 300 万ドルを渡し、ナポレオンの手に渡らないようにロンドンのネイサンに送った。当時、インド会社は 400 万ドルの金塊を持っていた。ナタンはそれを買って、値段を上げた。ロンドンでは金メダルに追い付いた。この取り決めは継続され、今日でもN.M.ロスチャイルドは毎朝、金の価格を日割りで決め、ロスチャイルドの「固定」が世界の金の「公式」価格として受け入れられている。[2]。

彼（ナタン）は、ウェリントン公爵が必要としていることを知っていた。ナタンは公爵の紙幣も大幅に値引きして購入した。政府はナタンに自分の金塊を貸してくれるように頼み、ナタンはそれをポルトガルに移した。ナタンは金貨を貸し、それは彼に返されたが、公爵の紙幣をその全額を返すように要求した。これによって、彼は50%を獲得した。そして、金塊を 15%で再び貸し出し、それを受け取り、巨額の手数料を払ってポルトガルに運んだのである。

公爵はこの金を、ポルトガル、スペイン、オランダのユダヤ人である自軍の艤装員に支払うために必要としたのである。.こうして、ウェリントンは 1 ポンドも金塊を受け取らず、フランクフルトのロスチャイルドから報酬を得ているポルトガルのナタン代理人への命令だけを受け取ったのである。この操作で、ナタンは 100%の収穫を得た。こうしてロスチャイルド家は、地主の金で莫大な利益を上げながら、それをすべて自分のものにした（マリア・オグレディ、ジョン・リーブス）。

[2]ロスチャイルド家は 2004 年以降、デイリーフィキシングから撤退している。

先ほども言ったように、メイヤー・アムシェルの子孫は世界一の権力者になった。この観測の真理を示す例は、おそらく他のどの例よりも、ジェームズ・ロスチャイルドがロシアのニコライ1世^{er}を破った話であろう。彼は、ロシアの革命家、ヘルツェンに目をつけた。

> ロシア革命運動の先駆者（fomenters）の一人である有名な作家アレクサンドル・ヘルツェンは、国外退去を余儀なくされた。(実際、彼は警察の数時間前にロシアから逃亡せざるを得なかったのだ）。ロンドンに到着した彼は、「*ベル*」というロシア語の新聞を創刊した。しかし、ヘルツェンは、亡命する前に資産を国債に換えていた大富豪である。ロシア政府はヘルツェンの債券の番号を知っており、ロンドン到着時にその支払いが行われると、ニコライ 1 世 ^{er} は、敵を打ち砕くために、サンクトペテルブルグの政府銀行に支払いを拒否するように命じたのであった。
>
> 日本銀行は当然それに従った。しかし、幸いなことに、ヘルツェンにはロスチャイルドという重要な支援者がいた。そして、ヘルツェンの国債は他のロシアの国債と同じであるから、ロシア政府は債務超過であるという結論を出さざるを得ないと、ツァーリに伝えた。
>
> もし、国債がすぐに支払われなければ、彼はヨーロッパのすべての金融市場で皇帝の破産を宣言するだろう。ニコラスは敗れた。彼はプライドをポケットに入れ、国債を支払った。ヘルツェン自身が*『ベル』*誌に「ロスチャイルド王と皇帝ニコライ 1 世 ^{er} 」というタイトルで語っている。（*『フォーティナリー・レビュー』*A・S・ラパポート博士著、655 ページ）。

これらの話は、アムシェル・ロスチャイルドが質屋で財を成したという伝説が、現実の前に崩れつつあることを示す。しかし、質屋がロスチャイルドの富の源であったという神話は根強く残っているのである。この主張には、ほとんど実体がないと言えるでしょう。

ディズレーリは、ライオネルを「シドニア」という架空の名で呼ぶことで、師匠の本当の姿を知る手がかりを多く与えていたのだ。

> "貫通 "することは不可能だった。彼の率直な感想は、あくまでも表面的なものであった。彼は慎重すぎるくらいにすべてを観察し、真剣な議論を避けた。愛想のない男だった」。

ジョン・リーブス氏によると

> ...ロスチャイルド兄弟は、彼の優れた知的能力を十分に理解しており、ネイサン・メイヤーが彼らの重要な取引のすべてを指揮するのに最もふさわしい人物であることをすぐに認めた。*(ロスチャイルド家』* 64 ページ）。

ロンドンの大英博物館で発見した多くの興味深い事実の中で、最も興味深いもののひとつが、後に世界が知る限り最大のプロパガンダマシンのひとつとなるものの創設者たちの物語である。タヴィストック人間関係研究所のことだ。この研究所は、英国の支配的エリートを洗脳するための主要なシンクタンクになった。タヴィストック研究所は巨大な組織に成長し、今ではアメリカや イギリスを支配している。この巨大な組織は、第一次世界大戦の勃発した 1914 年にロンドンのウェリントン・ハウスで始まった。

消極的なイギリス国民に、ドイツとの戦争はイギリスの生活様式を存続させるために必要だと思わせる宣伝装置を組織することは、簡単なことではなかった。当時、国民の大多数はドイツとの戦争を望まず、強く反対していたのである。ノースクリフ卿とロスミア卿が宣伝事業の責任者であった。実は、二人ともロスチャイルド家と直接婚姻関係にあったのである。

ネイサン・ロスチャイルド 2 世の 3 人の娘のうち、1807 年に生まれたシャーロットは、フランクフルト・シュテルン家のアムシェルとカロリーネ・シュテルンの第 2 子であるサロモンの息子で、いとこのアンセルム・サロモンと結婚した。スターン家は、イギリスのハームズワース家の直系で、一人は「ノースクリフ公」、もう一人は「ロスミア公」となった。

タヴィストック研究所の詳細については、「*タヴィストック人間関係研究所*」*をお読みください。*

ジェイコブ（ジェームズ）・ロスチャイルドは、間違いなくフランスで最も重要な人物であり、多くのフランスの政治家や指導者にその足跡を残してきた人物である。父メイヤー・アムシェルのドイツ縦断に同行し、ほとんど学校にも行かなかった 13 歳の少年から、ずいぶん成長した。

そこで彼は、ユダヤ人が公国の国境を越えて移動する際に、その都度リープゾル（頭税）を払わされるという制限を受けた。ジェームズは、フランクフルトを離れ、兄のナタンを追ってロンドンに行くことを希望していたが、代わりにアムシェルが彼をパリに送り込んだ。1811 年 3 月、フランクフルトからパリに向かう。パリに到着した彼を、大蔵大臣モリアンは見過ごさず、ナポレオンに報告した。

> フランクフルト出身で現在パリにいるロットチャイルド（sic）と名乗る男は、主にイギリス海岸からダンケルクにギニーを持ち込む仕事をしている。

フランソワ・ニコラ・コント・モリアンは、1806 年から 1814 年まで財務大臣を務め、ナポレオンの主要なアドバイザーであった。

ナポレオンにとって、ジェームズの登場は重要な出来事だったに違いない。彼は、ジェームス・ロスチャイルドが自分の失脚にどれほど重要な役割を果たすことになるか、知る由もなかっただろう。もちろん、ロスチャイルド家は密輸だけでなく、広く儲かるビジネスも行っていたのだが。イギリスがフランスを封鎖したとき、メイヤー・アムシェル氏は金で財を成すまたとないチャンスと考え、それを実行に移した。

> 22 歳のジェームズは、ほとんど従順な物腰で、魅力のない青年だった。同時代の人々の中には、あまり好意的でない人もいた。カステラーヌは、ミラボーやクレマン・トネルとともにパリの上流階級を形成していたが、ジェームズがロスチャイルド家のアドニスであっても、ひどく醜いと思っていた。(*ジェームス男爵*、アンカ・ミュールシュタイン、61 ページ)

また、さらに厳しい意見もありました。

> 怪物のような顔、最も平坦な、バトラキア顔の最も恐ろしい顔、充血した目、腫れ上がった瞼、貯金箱のように裂けたよだれだらけの口、一種の黄金のサトラップ、それがロスチャイルドだ（Goncourts, *Journal* Paris 1854 Vol. Ill, 7)

1814 年、ジェームズはパリに出航し、商業裁判所に銀行業の登録を申請した。

それまでは、フランクフルトの「本部」の代表としてのみ行動していたのだ。このことは、彼とロンドン、フランクフルトとの強い結びつきを変えるものではなく、むしろそれを形式化し、パリでの彼の地位をより際立たせることになったのである。現在は、フランス財務省の徴税と大規模な貸金業に従事している。

国王の運命が変わった時、そして王政復古（ナポレオンの 100 日時代）を通して、誰が舵を切ってもジェームズ・ロスチャイルドにはお世話になった。

彼は、顔や影響力のかけらも失うことなく、鞍替えをすることができたようです。

ナポレオンがワーテルローで敗れたのは、ロンドンから来た弟のナタンの計らいによるもので、その結果、ルイ王との間に大きな利益が生まれ、王の権力回復は、ロスチャイルド家が必要な資本を貸し出すことによって可能となった。ナポレオンとその政府の弱体化は、維新によって恩恵を受けたロスチャイルド家の仕業であった。

ナポレオンは、かろうじて隠していたユダヤ人嫌いが、彼の失脚の一因となった。ロスチャイルド家は、キリスト教の王や国を攻撃することを拒んだナポレオンを恐れて生きてきた。平和になったことで、銀行融資は最大にして最高の金儲けのチャンスとなり、ロスチャイルド家はそれをフルに活用したのである。

第 10 章

ネイサン・ロスチャイルドがフランス国債の残高を管理

フランス政府は戦争賠償金を支払わなければならず、そのために借金をしなければならなかった。ネイサン・ロスチャイルドは、ルイ 18 世に凱旋するために必要な資金を貸し出し、ジェームズの「太陽の下での場所」を確保したのである。その金額は500万フランと言われている。

メイヤー・アムシェルの教えに忠実に、ナタンは何もせずに何もしなかった。彼の借金の作戦は、パリ宰相リシュリュー公爵を筆頭とする上流社会へのジャックの門戸を国王に開かせることであった。

最初はリシュリューが抵抗したが、ナタンの執念は想像を絶していた。ロンドンのフランス大使オズモンド侯爵とオーストリア大使エスターハージ伯爵は、ともにナタンに多額の借金があったため、強い圧力をかけてきたのだ。このような見苦しい圧力に、ド・リシュリューは非常に苛立ちながらも、ついにジェームズを迎えることに同意した。それだけにとどまらない。

そしてジェームズは、郵便契約を結んでいるドイツのフォン・トゥルン&タクシス家からもたらされた「特別な情報」を、デカゼス警察署長のポケットに入れたのである。彼らは、ロスチャイルド家が関心を持つ郵便物を開封し、その内容をパリのジェームズ、ロンドンのネイサン、フランクフルトのメイヤーに中継するだけである。

フォン・ターン家とタクシス家（ ）が 300 人委員会の一員であったことは興味深い。こうして得た情報を、本来渡すべきド・リシュリューではなく、デカズに渡したことは、二重の意味で有利であった。その見返りとして、デカゼはジェームズに、自分の銀行に対する反ユダヤ運動や政治的陰謀を知らせた。

そして、重要人物との付き合いが増えるにつれ、ジャックは自分のステータスに見合った、豪華なもてなしができる家が必要だと思うようになった。ラフィット通りにあるオルタンス王妃の邸宅で、1794 年にギロチンの犠牲となったパリの銀行家ラボルドが所有していたもので、彼はそのような家を見つけた。ジョゼフィーヌ皇后の娘であるホルテンセは、ナポレオンの弟ルイと結婚し、オランダ王妃となった。

この家の改築や改装には、ジェームズが莫大な費用をかけ、その額は 300 万フランを超えたとも言われている。1834 年に完成すると、町の話題の的となった。

ドイツ系ユダヤ人の共産主義哲学者ハインリッヒ・ハイネやオルレアン公、コーブルク公レオポルドなどは、ジェームズの華やかなパーティに頻繁に招待された。

メッテルニヒ公と、公の信頼を得ていたプロイセン人のフリードリヒ・フォン・ゲンツら側近がパリに来たとき、ジェームズは、王の帰還以来パリで見られたものに匹敵するパーティーを催した。実力者のウェリントン公爵でさえ、パリを訪れた際、ジェームズの招待をあえて断らなかった。

ジェームズはフォン・ゲンツをひいきにして、彼の女性に対する弱点、多くの女性を利用し、フォン・ゲンツに今で言う「安易な条件」で必要な金を提供した。フォン・ゲンツも女たちを手に入れ、それまでできなかった多くの贅沢もできるようになった。こうして、ジェームズはフォン・ゲンツ社の「オーナー」になった。

> ジェームズの宮殿は、あらゆる政治家、特に闊達な共産主義者や社会主義者（ ）を惹きつけるものとなった。その中の一人、ルートヴィヒ・ボルネは、ヨーロッパのすべての王を退位させ、パリで戴冠するルイ・フィリップ以外の王をジェームズに置き換えるという考えを強く支持しており、戴冠式は教皇ではなく、ジェームズ・ロスチャイルドが行うことになった。(*Notre Dame de la Bourse,* 22 January 1832)
>
> 先に述べたように、ロスチャイルドがスポンサーとなった人物の一人に、故郷を捨ててパリに渡ったドイツの詩人ハインリッヒ・ハイネがいた。ロスチャイルドの近くにいたのか、政治的な理由なのかは定かではない。ハイネは共産主義を公言しており、ドイツ警察の破壊活動家リストに載っていた可能性が高く、それがパリに移り住んだ理由の一つかもしれない。ロスチャイルドは、経済的な面だけでなく、数え切れないほどハイネを援助した。ハイネはジェームスを革命家としてとらえ、「クレミュ一の価値を最初に認識した一人だ...」と賞賛している。フォン・ロスチャイルド氏は、鉄道の教皇であるエミール・ペレール氏を発見した唯一の人物である（オリビア・マリア・オグラディ氏）

これは、ジェームスが新しいファッションに投資するきっかけとなった利益面を調べてみると、一概にそうとは言い切れないことがわかった。ペレイラは、ジェームズに雇われた若いセファルディ系ユダヤ人で、日々の建設作業を監督していた。その中で、ジェームズとネイサンは、メイヤー・アムシェルから教わった商売のコツ、すなわち「お金がすべて」という目標を見失わないようにすることから遠く離れることはなかった。

ジェームズとナタンは、アルザスのコルマールに駐留するオーストリア軍への支払いを代行する契約を、数多く結ばされた。ロスチャイルド家は、競合他社を圧倒して契約を獲得した 。山賊が出没する地域で硬貨を輸送するため、高額な保険が必要なリスクの高いビジネスであった。ジェームズは、現物の通貨を輸送する代わりに、ロスチャイルドの債権を現地の銀行に預け、兵士はその債権で支払いをするように手配した。リスクを排除することで、ジェームズとネイサンは多額のコミッションを手にすることができた。

大陸を横断し、ロンドンまで資金を移動することが、この方法で行われるようになり、ロスチャイルド家が独占することになり、新しいビジネスの基礎となった。

ジェームズの力の大きさを知ってもらうために、彼の有名な大義のひとつとなり、彼の腕がどこまで届くかを示した次のようなケースを紹介する。1840 年 4 月、ダマスカスでトーマス神父とその使用人が失踪した。殺人が疑われ、たまたまユダヤ人だった容疑者が逮捕され、その後、殺人を自白した。

> ユダヤ人社会は、逮捕されたユダヤ人は無実であり、拷問によって自白を得たと直ちに猛烈な抗議をした。ジェームズとソロモンは、直ちに両者の力を合わせて君主に圧力をかけ、ソロモンはオーストリアのメッテルニヒ皇太子に行動を促すように仕向けた。
>
> オーストリア領事フォン・ローリンは、モハメッド・アリに抗議し、ジェームズとサロモンに直接その対策を報告した。しかし、ダマスカスのフランス領事は、殺人と被告人について全く異なる見解を示した。政治的な意味合いは明白で、ルイ・フィリップはキリスト教徒に対するユダヤ人の不当な支持をあえて危険にさらそうとしなかったのである。ヤコブのソロモンへの手紙は、かなりの重要性を持っている。 ロスチャイルド家が政府に圧力をかけ、世論を形成するために用いた舞台裏の手法を明確に解き明かしています。
>
> 残念ながら、私の努力はまだ実を結んでいません。オーストリア領事の行動は称賛に値するにもかかわらず、政府はこの問題に対して非常にゆっくりと行動している。

> なぜなら、この問題はあまりにも遠すぎて、国民の関心を十分に喚起することができないからである。私がこれまでになし得たことは、今日の『*モニトゥール*』にあるように、ダマスカス領事の行動を調査するためにアレクサンドリア副領事を手配することです。
>
> 副領事は領事の命令下にあるため、領事の責任を追及する権限はなく、あくまで一時的な措置に過ぎない。このような状況では、新聞に助けを求めるという万能の方法しか残されていないので、今日、オーストリア領事の報告に基づく詳細な説明を『*討論*』などの新聞に送り、アウグスブルクの『*アルゲマイン・ツァイフング*』にも同じように詳細に掲載されるよう手配しました。
>
> この件に関して、フォン・ローリン氏が私に宛てた手紙を、メッテルニヒ殿下の事前の許可がなければ出版できないと考えなければ、必ず出版していたでしょう。
>
> ですから、私の親愛なる兄弟よ、あなたがこの正当な目的のために喜んであらゆることをなさることを私は確信しています、どうか王子のご好意により、この手紙の出版をお許しください。この悲しいエピソードに関して皇太子が表明された寛大な人道的感情 は、この要請が拒否されないことを確信させるものである。
>
> 親愛なるソロモンよ、あなたが希望する許可を得たら、どうかこの手紙をすぐに『*オスターライヒャー・ベオバハター*』だけに掲載するのではなく、短い添え状を付けてすぐに*アウグスブルガー・ツァイトゥングに送り*、この手段によっても大衆に届くよう、親切にしていただきたいのです。（*語られざる物語* チェレップ・スピリドヴィチ伯爵）

ロスチャイルド家が支配下に置いていた重要な政治家の中には、彼らの権力と影響力に不安を抱く者も出てきた。

その中の一人、メッテルニヒ公は、サロモン・ロスチャイルドの強固な支配下にあり、彼からはロスチャイルド家の「付き人」に過ぎないと見なされていた。メッテルニヒは、オーストリアの主権の大部分を売り渡したことで、深刻な疑念を抱き始めた。

> ロスチャイルド家は、私が善良であるとか道徳的であると考えることができない自然な原因によって、おそらくイギリスを除くどの国の外務省よりも、フランス問題においてはるかに大きな影響力を及ぼしているのである。大きな原動力は、彼らのお金です。博愛を望み、金の重さであらゆる批判を抑えなければならない人たちは、大量の金を必要とするのです。腐敗の事実がオープンに扱われる、その現実的な要素が、近代的な代表制の中で、言葉の完全な意味において、扱われているのだ。

メッテルニヒは、オーストリアを売ることは国際革命家の手にかかることだと気づくのが遅すぎた。革命の火が燃え始めたとき、 、高い地位と立場にもかかわらず、メッテルニヒ公はソロモン・ロスチャイルドから借りた金でウィーンから脱出しなければならなくなったのだ。

メッテルニヒは、自分が知らず知らずのうちに革命的な力を発揮するのを助けていたとは、歴史家たちも思ってもみなかっただろう。大英博物館の資料によると、世界革命が本格化したのは 1848 年で、その年の 1 月にシチリア島から始まったという。

> ヨーロッパの大都市は、興奮の波で揺らいでいるようだった。この騒動はナポリにも波及した。パリでは、バリケードに赤い旗が広げられた。1848 年 2 月 22 日、社会主義革命家が労働者と学生を率いて流血の反乱を起こし、ギゾーは辞任した（オリビア・マリア・オグラディ）。

ジェームズ・ロスチャイルドは、国王ルイ・フィリップを過大評価し、革命思想に共感していると考えていたと言われている。

ハーバード大学のクーリッジ教授によれば、「共和党や急進派は、ルイ・フィリップを革命的な君主として受け入れていたが、その間違いに気づくのが遅すぎた」のだという。

ジェームズ・ロスチャイルドは、政治状況を道路地図のように読み取ることができる、非常に鋭い判断力を持った人物と言われていたからだ。確かなことは言えないが、ナタン・ロスチャイルドの親友であるスール元帥は、ブロリー公爵、ティエール、ギゾーと省を作り、後者二人は特に保守派の政治家だったので、関係があるのかもしれない。

1830 年、マルクスとその社会主義インターナショナルに触発された労働者の要求がイタリアとポーランドで起こったが、政府はそれに応じなかった。1831 年、フランスでは急進的な運動と暴力が続いた。

> 1831 年 11 月、リヨンで大規模な労働者の暴動が起こったが、難なく鎮圧された。秘密結社は急速に広まった。報道の自由の下、国王はオノレ・ドーミエを筆頭に過激な新聞で冷酷に攻撃され、風刺画を描かれた。1834 年、パリとリヨンで大きな反乱が起きたが、これは厳重に弾圧された。1845 年、急進派のフィエスキはルイ・フィリップの暗殺を企てたが、失敗に終わった。その後、1836 年に国王は、個人的な友人であるルイ・モール大佐を首班とし、中道右派の指導者ギゾーを中心とする政府を樹立したが、ギゾーは中道左派と同盟を結びモールを打倒した。(*知られざる歴史*、ジョン・リーブス）。

The Untold History の続きはこちら。

> 1848 年以前の革命活動では、カール・マルクスやフレデリック・エンゲルス、ルイ・ナポレオン・ボナパルトといった人物が大陸に亡命していた。イギリスは彼らの避難場所だったのだ。1848 年、彼らは革命に参加するために大陸に帰っていた。1848 年 2 月 24 日、憲章、憲法、議会制度は突然の終わりを迎えたかに見えた。
>
> パリの街中では、民兵も兵士も憲兵も警察も、一人も見かけなかった。一方、上流階級は恐怖におののいた。革命期（1789～94 年）のどの時期も、これほどまでに大きかったとは思えません。(ヴィクトル・ユーゴー『*小説集*』

268 ページ）

ジェームズは数日滞在し、州兵の一人であるフェイドーに見初められた。

> 昼過ぎに、腕を組んでラ・ペ通りからチュイルリーに向かって静かに出てくる二人の紳士を見た。その中の一人がロスチャイルド男爵であることがわかった。私はすぐに彼に近づいた。"ムッシュー・ル・バロン "と私は言った "散歩にはあまり良い日ではないようですね四方八方から飛んでくる弾丸に身をさらすくらいなら、家に帰った方がいいんじゃないですか？"
>
> しかし男爵は、自分は安全であり、大蔵省に必要な存在であると言い切る。マルクスとエンゲルスは共産主義者同盟の設立に貢献したが、革命の失敗によりイギリスに戻り、ジョセフ・ウェダーマイヤーなどはアメリカに移住した...（オリビア・マリア・オグラディ）

セダンの戦いとプロイセンによるナポレオン 3 世の捕獲（1870 年 9 月）の後、パリは自らをフランス国家の心臓、脳その他の器官と考え、他のフランス諸国は後進的、原始的、野蛮な付属物と考え、（フランスの名の下に）一連の革命を起こし、1871 年のパリ・コミューンに至ったが、敵の前に国はひれ伏し、軽蔑にさらされるだけであった。ランガー教授からの言葉。

> 1840 年から 1847 年にかけて、ギゾーは支配的な人物となった。ギゾーは 1847 年に首相に就任し、1848 年に辞任するまで政権の座にあった。街頭騒動は二月革命につながった。

大英博物館と *L'Alliance France*-Allemande と *Les Forces titaniques* の論文と文書に基づいて、1848 年の出来事を引き続き説明する。John Reeves による *The* Rothschilds と Olivia Maria O'Grady の物語:

> パリでは、バリケードに赤い旗が掲げられていた。1848 年 2 月 22 日、マルクス主義革命家が労働者と学生を率い

> て流血の反乱を起こし、ギゾーは辞職した。軍隊がバリケードの革命派に襲いかかり、民衆は狂喜乱舞した。24日、州兵と第一線連隊は反乱軍の手に渡った。ルイ・フィリップは74歳にして国外に逃亡した。
>
> マルクスとエンゲルスは、個人的に革命を担当する準備ができており、マルクスには完全な革命的権限が与えられている……」と。ラマルティーヌとアラゴは、ユダヤ人銀行家ミカエル・グードショーに革命的な金融ポートフォリオを引き受けてくれるよう依頼する。銀行員は受け入れる。バリケードの監督官であるコシディエールは、ジェームズ・ロスチャイルドに革命家の側近に支払うための融資を依頼する。ジェームズは喜んでそれに応じる（218〜219ページ）。

マルクスとエンゲルスが、ドイツにおけるさまざまな革命派と反乱の組織の指揮をとったことを述べたあと、オグラディはこう書いている。

> 4月初め、マルクスとエンゲルスは、革命の炎が先行するドイツへ向けてパリを出発した。神聖同盟はウィーンの煙と炎の中で崩壊し、メッテルニヒ公はソロモン・ロスチャイルドから借りた金でウィーンから逃亡した（219ページ）。
>
> ジェームズ・ロスチャイルドは、1848年の革命を支援するためにルドゥル＝ロランに75万フランを贈った。ラフィット通りのロスチャイルド邸を焼き払うというロランの脅しで、そうせざるを得なかったと言われている。1848年6月の3日間に及ぶ街頭戦では、ルイ・ウジェーヌ・カヴァルニャックが勝利を収めた。彼は直ちに独裁的な権力を持ち、国民議会によって閣僚会議の議長に任命された。大金を自由に使ったロスチャイルドは、フランスの新勢力と親しくなり、ルイ・フィリップと同様、カヴァルニャックとも親交を深めた。彼はすぐに、君主主義者であると同時に優れた共和主義者であると言われるようになった。

フランス労働党は、彼を自分たちの仲間だと主張した。

過激な『*Tocsin des Travailleurs*』の編集者はこう書いている。

> 神童ですね、先生!法的には多数派であったにもかかわらず、ルイ・フィリップは倒れ、ギゾーは姿を消し、立憲君主制も議会方式も窓から消えてしまいましたが、あなたは、あなたは動きません。アラゴンとラマルティーヌはどこだ？彼らは終わりましたが、あなたは生き延びました。銀行家のプリンスたちは清算中で、オフィスは閉鎖されています。
>
> 大企業の社長や鉄道会社の経営が傾いている。
>
> あなたの家はパリで最初の暴力の衝撃を受けましたが、革命の影響はナポリからウィーンやベルリンまであなたを追いかけましたが、あなたはヨーロッパ全体に影響を及ぼす動きに動じることなくいました。富は衰え、栄光は屈辱を受け、支配は崩壊した 、しかしユダヤ人、我々の時代の君主はその王座を保持したのである。

パリ・コミューンは、ヨーロッパで最初の共産主義政権である。ロスチャイルド家について、オグレディ氏はこう書いている。

> 無限の資金を自在に操る彼らの存在は、ロスチャイルド家にとってあらゆる障壁を取り払った。巨万の富の眩しさは、どこでも彼らの社会的威信を高めた。権力者、偉大な王、王子、有名人が彼らの好意を求めていたのです。
>
> 彼らは宮殿を建設し、君主の国事行為に恥じることのない王室の壮麗さで「善良な人々」をもてなしたのである。世界は彼らの足元にあり、ヨーロッパにおけるユダヤ人の大義はブームになっていた。彼らの運勢がいかに素晴らしいものであったかは、後述する。

第 11 章

フランス、共産主義の猛攻を凌ぐ

この大事件の後、その糸が続いているかどうか、その後のフランスに関する記事を調べてみたところ、その糸が続いていることがわかりました。パリ・コミューンの成功後、1871 年にビスマルクとのヴェルサイユ暫定講和が締結されると、共産主義者たちは再び挑戦した。1870 年 9 月、ナポレオン 3 世がセダンで倒れたことは、フランス帝国にとって致命的な打撃となった。

9 月 4 日、暴徒たちは、以前ジェームズ・ロスチャイルドが革命に一部資金を提供したときと同じように、再びパリを占領しようとしたが、9 月 19 日、セダンでフランスを破ったドイツ軍がパリになだれ込み、パリを占領したのである。

共産主義者は攻勢を維持できず、パリには 8 日分の食料しか残っていなかった。1871 年 1 月 28 日、パリはドイツ軍に降伏する。フランス軍は武装解除され、砦は奪回された。ビスマルクは選挙を許可し、ドイツに 50 億フランの補償を要求した。1871 年 3 月から 5 月にかけて、ビスマルクが武装解除しなかったマルクス主義共産主義国民党は 417 門の大砲を押収し、ルコント将軍とトマ将軍を暗殺した。

インターナショナルは、ローブ、コーエン、ラザロ、レヴィ、そしてもちろんカール・マルクスを通じて、国家警備隊に主導的な役割を果たしたのである。[3]正規軍は撤退を余儀なくされ、パリはマルクス主義社会主義インターナショナルの手に委ねられることになった。ドイツ軍の支援を受けたフランス軍 は、パリのバリケードを攻撃し、共産主義者の支配を打ち破った。しかし、その間に、フランスとドイツの正規軍の襲撃が反乱軍の率いる群衆の力を打ち砕く前に、共産主義者たちは恐ろしい報復を実行に移した。ヴァンセンヌ砦で 67 人の無実の人質が虐殺された。

ダーボイの大司教は犬のように撃たれ、司祭も何人か撃たれた。また、著名な市民も即座に銃殺された。第三共和国軍が市内に入ったときにも、このようなことが起こった。

1871 年 5 月 20 日、共産主義者たちは、包囲したパリの全地区にガソリンをかけ、すべての公共建築物と住宅を含むほとんどの私有財産に火を放った。チュイルリー宮殿、大蔵省、パレ・ロワイヤル、法務省、オテル・ド・ビル、警察本部などが放火され、焼け野原になった。

> 奇跡的に、ロスチャイルド家とその貴重な資産は無傷で残った。1870 年から 1871 年にかけての戦争とパリ・コミューンの危機から、ロスチャイルド家はいつものように経済的に無傷で脱出し、依然としてヨーロッパの支配者であることに変わりはないのだ。ロスチャイルド家は、再び、王政への忠誠を捨て、第三共和制に同等の忠誠を与えることができることを示したのである。

アルフォンス・ロートシルトはもちろんヴェルサイユに引きこもり、ホテル・デ・レゼルヴォワールに部屋を取って、革命の戦闘、略奪、恐怖の中で暮らしたのだった。

---

[3] もちろん全てユダヤ人です(｀・ω・´)ゞ

引用した部分は、オリビア・マリア・オグレディの作品、ランガー教授の作品、ジョン・リーブスの「*The Untold Mystery*」から引用したものである。

注目すべきは、暴徒たちのうち最も過激な者たちは、不幸な犠牲者を殺すために留まったが、彼らのリーダーたち は街を離れ、イギリス、スイス、ラテンアメリカに行ったことである。パリ・コミューンは一巡し、血の気の引くような熱狂の中で崩壊した。コミューンを運営するために必要な巨額の資金（コミューンはわずか 2 ヶ月しか続かなかった）が、ロスチャイルド家から提供されなければならなかったことは疑いないようである。

> コミューンの指導者たちは、当時としては巨額の 4200 万フランを費やした。最も盛んに浪費しても、その 3 分の 1 もの金額を使ったとは考えにくい。つまり、約 2500 万フランがどこかの方向、おそらくスイスに消え、おそらくフランス銀行長、あるいはその副総裁で、コミューン鎮圧後にベスレーが国外退去の安全措置を取られた際にスイスに同行したポレイ侯爵の荷物の中に入ったのであろう。(当時は、パリ・コミューンからフランス銀行に任命されたベスレーが（つまり間接的にロスチャイルドが）自分たちのために金を貯め、ロスチャイルドが金庫番を手配したというのが一般的な見方であった。

いずれにせよ、パリ・コミューンはフランス国民に反感と恥をもたらし、社会主義運動は衰退の一途をたどることになった。興味深いのは、ヴェルサイユの講和予備条約の交渉の一端を、ジェームズ・ロスチャイルドの息子であるアルフォンソ・ロスチャイルドが担っていたことである。アルフォンソはビスマルクとの財政交渉を終え、賠償金として必要な 50 億フランの支払いに同意した。

エドワード・ロスチャイルドは、ジェームズ・ロスチャイルドの長男アルフォンソ・ロスチャイルドの息子であり、1905 年 5 月 26 日に亡くなったが、フランス問題における継承権の保持は続いていた。 。後に、パレスチナにシオニスト国家を誕生させた「バルフォア宣言」で、エドワード・ロスチャイルドとロスチャイルド卿が果たした役割を見ることになるが、ちなみに、ディズレーリは主人であるロスチャイルド家のために主役を演じたのであった。世界史に詳しい人なら誰でも知っているように、裏には必ず人がいる。

ディズレーリは、ユダヤ人の「祖国」設立にどのような役割を果たしたのでしょうか。ディズレーリは、著書*『タンクレッド』の中で、次のように語っている。*

> 「エルサレムがユダヤ人のものであった、政治的正義の時代。

エルサレムから彼は書いている。

> "目の前に一見美しい都市が見えた"。

と、*『アルロイ』『コンタリ』『フレミング』などの*小説を通して、エルサレムがユダヤ人のものであることを強調し、エルサレムへの愛を綴っている。ディズレーリは、自宅のあるヒューヘンドンで、スタンレーに次のような話をした。

> 「パレスチナのユダヤ人への返還とユダヤ人による再植民地化の計画」。

1871 年、パリで起きた共産主義者の蜂起に、カール・マルクスはどのような役割を果たしたのだろうか。大英博物館の資料によると、他の 2 つの資料によって確認されている。

> マルクスは歓喜し、パリの殺人鬼を解き放った怪物として世界中にその名声を広めたが、ロンドンでインターナショナルメンバーの前で孔雀のように闊歩した。そして、「バリケードの不滅の英雄たち」に対する賛辞を始めたのである。
>
> パリ・コミューンが革命の運営を自らの手に委ねたとき、普通の労働者が初めて文化的上位者の特権政治を侵した

> とき、旧世界は労働者共和国の象徴である赤い旗（）がパリ市庁舎の上に翻るのを見て、怒りで身動きがとれなくなったのです。

パリ・コミューンから学んだことの一つは、大多数のフランス国民を幻滅させたが、フリーメイソンやイルミナティの力を借りてイギリスやスイスに抜け出した指導者たちは、これをドイツ、スペイン、ロシア、イタリアにおける国際社会主義の台頭の一里塚と見なしたことであった。ロンドンのカール・マルクスは、国際的なマルクス主義の中心的存在となったが、彼のすぐ隣にはエンゲルスとロスチャイルドがいたのである。

ロスチャイルド家はフランクフルトのフリーメイソンの代理人であり、ヘッセン州首相がその主で、ロスチャイルド家が財政を支配していたと『*The Untold History*』には書かれている。ビスマルクは、ドイツだけでなくヨーロッパ全体の運命の形成に大きな役割を果たした人物である。

作家のジョン・リーブス氏の著書『*ロスチャイルド家*』によると、ビスマルクはロスチャイルド家の単なる付き人と考えられており、半分はユダヤ人であったという。

大英博物館の文献によると、ビスマルクの実父は、ナポレオンの「ワーテルロー」の実際の責任者であるスール元帥であることが示唆されている[er]。

> "スール元帥が彼女の実の父親で" "ビスマルクの公式な父親である プロイセン小公女ではない "という証明にならないか？
>
> ロスチャイルドがナポレオンを倒した後、新しい支配者が必要になり、オットー・ビスマルクという支配者を作り出したのである。父ウィリアムはルイーズ・メンケン［メンケン家はユダヤ人］と結婚した-出自不明の中流階級の女性である。彼は彼女を自分の別荘に連れて行ったが、間もなくナポレオン軍の侵攻を受け、近くの城にス

> ール元帥が本部を置いた。
>
> ルイは違反の危険が迫っていた。スールのシャンパン、アジア人の説得力は、ドイツ人の夫のビールや重い心よりも、ルイの心を誘惑した。それ以来、スールはビスマルク＝メンケン夫人と、後に「血と鉄の男」となる彼女の息子に、細心の注意を払うようになった。スールはフランスで最高の地位を占め、死ぬまですべてのキリスト教の支配者を裏切った。ビスマルクがベルリンのパルマ研究所で過ごした 6 年間は、悔しい思い出ばかりが残っている。(チェレップ・スピリドビッチ、108 ページ - *J・ホシュに帰属する隠された手*) 。

実は、ルイーズ・ビスマルク＝メンケンは、出自が不明というわけではなかった。彼女の先祖をたどると、アメリカ独立のきっかけとなったジョージ・ワシントン将軍に全財産を寄付したと言われるハイム・ソロモンに行き着く。1925 年 1 月 9 日付の New York *Jewish Tribune* 紙も、ルイーズ・メンケンがハイム・ソロモンの子孫であることを認めている。

ソロモンがワシントンに渡した金が自分の金ではなく、ロスチャイルド家の金で、ソロモンはその仲介をしただけだと強く主張する学者や歴史家もいる。

全財産をワシントンに寄付しておきながら、ハイムは贅沢三昧を続けていたと指摘するのだ。ビスマルクがロスチャイルド家に取り込まれた経緯は、1812 年 12 月のビーコンズフィールド卿の手紙と *コニングスビー*の手紙から再構成することができる。

> ライオネル・ロスチャイルドはディズレーリをしばしばパリに連れて行き、そこでジェームズ・ロスチャイルド 3 世に紹介された。プロイセン公使のアルニム伯爵の訪問を受けた。ライオネルを通じて、ディズレーリは彼の友人となった。スールはフランス内閣の大臣で、自分の息子、あるいは愛人の元メンケン＝ビスマルクの息子について、おそらくよく話していた。こうしてロスチャイ

ルド家 は、困窮し、少なくとも半分ユダヤ人であり、1839 年にすでに自分の財産を脅かす災難と戦うことを余儀なくされていた若いビスマルクを押さえることにしたのである。しかし、ロスチャイルド家もスールもアミームも、すでに彼を監視しており、全員が彼を利用しようとしていた。1839 年、アーヘンですでにビスマルクは反逆者であることを示していた。ディズレーリも「摂政の短剣に祝福を」という詩で、反逆者であることを表現している。'

しかし、ジェームズはビスマルクとディズレーリに「アーチ・コンサバティズム」を示すことを要求した。上流社会に入り込み、権力を得るためには、それを勝ち取らなければならないのだ。その結果、ディズレーリやビスマルクは「レジサイドの短剣」への賛美歌を捨て、超保守的になっていった。どちらも「非常に世渡り上手になれ」と命じられた。プロイセン公使で帝国議会議員のアミムは、1844 年にビスマルクの愛妹マルヴィナと結婚し、ディズレーリによれば、ビスマルクは完全にロスチャイルド家とアミムおよびその妹の影響下に置かれたのである。

そして間接的に、「300 人が世界を支配する」というラテナウの言葉（*『陰謀の階層-300 人委員会』参照）を知る*。40 年前、ビスマルクはラテナウの言葉に同意していることを示し、ディズレーリはそれを繰り返して、次のように述べている。

"裏方 "でない人が想像するのとは全く異なる人物によって、世界は動いているのです。

ラテナウの宣言の 40 年前、ビスマルクはラテナウとディズレーリに同意を表明した（*コニングスビー*、チェレップ・スピリドヴィッチ文書、大英博物館より）。

1847 年、反動分子とみなされたビスマルクは、ディズレーリに倣ってリベラル派に対する暴力を擬制し、保守派をなだめようとし、プロイセン国王の寵愛を受けた。ビスマルクのコントローラーたちは、多くの努力と曲折を経て、1847 年にヨハンナ・プットカマーとの結婚に成功する。

プットカマーは、スールから受け継いだと思われる短気な性格の持ち主で、官僚であった父は穏やかで、決して暴れるような性格ではなかったので、その性格をうまくコントロールして、突然終わってしまうはずだった彼女のキャリアを救いました。1849 年、新閣僚のリストがフレデリック・ウィリアム 4 世に提案されたとき、彼はビスマルクの名前の上に太い線を引き、こう書いたという。

> 赤毛の反動。彼は血の匂いが好きなんだ。

1849 年、ビスマルクはアルニムとロスチャイルドの援助でプロイセン第二会議員に当選し、1851 年にはフランクフルト・アム・マインの国会に代議士として出席した。

アルニム伯爵はビスマルクの後ろ盾にもなり、プロイセン公使オットー・フォン・マンテュッフェルに推薦する役割を担った。フォン・マンテュッフェルについては、ランガー教授が彼の重要性の歴史的背景を論じている。

> 1850 年 5 月 16 日、多くの小国とオーストリアがフランクフルトに集まり、ドイツ連邦の旧国会が再結成された。プロイセンがこの連合を主張するならば、オーストリアとの戦争は避けられないと思われた。訴えから紛争が生じると...両大国は動員され、戦争が間近に迫っているように見えます。
>
> プロイセンの指導者の似非自由主義に苛立ったロシア皇帝ニコライはオーストリアに味方し、当初から戦争に消極的だったフリードリヒ・ウィリアムは急遽撤退を決意した。彼は新しい大臣オットー・フォン・マンテュッフェルを交渉のために送り込んだ...（ランガー教授、726-727 ページ）。
>
> ビスマルクは年をとっても、その目は驚くべき力を失わない。彼は弱いもの、感傷的なものをすべて軽蔑し、そ

> の軽蔑の対象にはキリスト教の美徳も多く含まれていた（F・M・ボウイケ教授『*ビスマルクとドイツ帝国*』5 ページ）。

1880 年に出版された *La Revue des Deux Mondes* の vol.26, page 203 by Valbert には、次のように書かれています。

> ユダヤ人はビスマルクを利用することができる唯一の存在であり、ビスマルクが導入したザドワ（1866 年にプロイセン軍がオーストリア軍に敗れた）以降のドイツの自由主義改革はすべてユダヤ人のために行われた......というわけである。

これまで見てきたように、ロスチャイルド家は、自分たちが設立されたすべての国の政治に特に関心を持っていた。例えば、ウィーン会議では、ロスチャイルド家が支配を目指した。マリア・オリビア・オグレディから学ぶ。

> ...ユダヤ人はウィーン会議に代表を送り、賄賂と贈り物で公式代表団に影響を与えようとした。ロスチャイルドは、ライン盟主カール・フォン・ダルベルクから買い取ったユダヤ人特別特権を、会議が起草する新憲法に組み入れなければ失われてしまうと恐れていたのである。
>
> ロスチャイルドの特使であるヤコブ・バルフ（ルートヴィヒ・ボアネの父）、G・G・ウッフェンハイム、J・J・グンプレヒトは、メッテルニヒが介入しなければ、ウィーン警察に追われることになっただろう。
>
> ユダヤ人の代表は、もちろん議会での公式な立場はない。ユダヤ人が議員に与えた最も重要な影響は、議会に出席した有力政治家や指導者を豪華にもてなすためにサロンを開いたユダヤ人女性たちによるものであった。
>
> これらのユダヤ人の中で最も著名なのは、ファニー・フォン・アレンシュタイン男爵夫人、フォン・エスケレス夫人、レイチェル・レヴィン・フォン・ヴァラハーゲン、レオポルド・ヘルツ夫人、メンデルスゾーン・フォン・シュレーゲル公爵夫人であった。ウィーン会議でユダヤ人が得た最高のものは、「市民のすべての義務を負う」

> ユダヤ人に完全な市民権を与えるという、必ずと言っていいほど提案されるいくつかの草案であった。この条項は、ユダヤ人「国民」の特別な要求と要件をすべて満たすものではなく、実際には、通常の義務を伴わない市民権のすべての権利を求めていたのである。*(ウィーン会議* 345、346 ページ）。

作家のアンカ・ミュールシュタインは、『*バロン・ジェームス フランス・ロスチャイルドの台頭』の中*で、ウィーン会議の出来事とそれがフランクフルトに及ぼした影響について、異なる解釈を示している。

> フランス軍が撤退するやいなや、ドイツ当局はユダヤ人の処遇という緊急課題に取り組んだ。フランクフルトでは、合法的に手に入れ、大切に支払ってきた権利が、今や廃止されてしまった。またしても、ユダヤ人は好ましくない外国人として扱われることになった。
>
> 自分たちの名誉、自由、時には命が脅かされていることを自覚したユダヤ人は、ウィーン会議で定期的に開催される大国を頼ったのである 。しかし、彼らの主張はどんなに正当なものであったとしても、無駄であった。そのため、ドイツにいるユダヤ人は、これまでと同じように、密かに手段を講じたり、保護を求めたりするほかはなかった。
>
> ソロモンがユダヤ作戦を担当し、メッテルニヒの顧問であったゲンツの財布が急に大きくなった。その結果、オーストリア追放勅令の停止と、メッテルニヒとプロイセンにおけるオーストリア宰相のカウンターパートであるハーデンベルクによる宣言が行われた *(ジェームズ男爵『フランス・ロスチャイルドの台頭』*アンカ・ミュールシュタイン、68 頁）。

ミュールシュタインによると、ユダヤ人はフランクフルトで襲撃され、ひどい迫害を受けたという。サロモン・ロスチャイルドはウィーンに移住することを選んだが、アムシェルはフランクフルトに残り、政府にロスチャイルドの融資がいかに必要かを説いたところ、ユダヤ人に対する暴力は沈静化しはじめた。

第 12 章

ソロモン・ロスチャイルドが見せた財力

ウィーンでは、ソロモンは家を買うことを許されなかったので、豪華なホテルを丸ごと自分のために借り、さらにヴュルテンベルク王には、長年住んでいたアパートを断ったのである。

ソロモンは外交特権を与えられ、「男爵」の称号を与えられた。メッテルニヒは、ジェームズとナタンを領事に任命したが、これはソロモンが指摘するように「ユダヤ人としては考えられない名誉」であった。

> ジェームズは控訴を取り下げました。メッテルニヒの権力と保護が明らかであることが、彼の心配を和らげてくれた。首相のおかげで、ロスチャイルド家は外交特権を得ることになる。
>
> このように、便利で華やかな称号を与えた上で、さらに多くのことをすることになったのです。ナタンとジェームスは、巧みな交渉で多くの借金を重ね、ロンドンとパリでオーストリアを代表する領事に任命されることを思いついたのである。ユダヤ人が外交団に入る！？考えられないことでした。しかし、メッテルニヒは、その提案の大きさにもかかわらず、これを受け入れた。
>
> ロスチャイルド家が首相に有利な個人融資をしたのは、悪意のある人たちだけだろう。特にオーストリアに関しては、すべての法廷機能が新しいビジネスにつながっています。もしジェームズがパリに任命されれば、領事は

> 国王と直接交渉する権限を持つことになるので、フランスの対オーストリア債務の清算に関するすべての事柄を、神の意思により担当することができる。 (*Souvenirs* Auguste de Fremilly, page 232, 1908)。

> 有力なユダヤ人が国際会議で影響力を行使しようとするモデルを確立しようとした 1818 年のアーヘン会議では、招かれざるユダヤ人代表にも直面することになった。イギリスの聖職者ルイス・ウェイは、ユダヤ人の代弁者として、ヨーロッパにおけるユダヤ人の解放を主張する嘆願書を会議に提出した。1856 年と 1858 年のパリ会議におけるユダヤ人の影響は、両会議の議事録に明らかである。どちらの会議でも、ユダヤ人の公式代表は認められていなかったようだ。（オリビア・マリア・オグラディ）

しかし、ロスチャイルド家はこれを快く思わず、自分たちが権力を握っている人たちにもっともっとと要求してきた。男爵や領事の称号を得た彼らは、今度はもっと目に見える形で自分たちの権力を示すことを望んだ。

彼らの「賞への愛」は、控えめに言っても度を越していた。フォン・ゲンツには、メダルやリボンが授与された事実を公表するよう命じられた。

> "サロモン・フォン・ロスチャイルドとパリの弟は、ロシアのために交渉した融資が認められ、聖ウラジーミル勲章を授与された"。

フォン・ゲンツ氏は、ドイツの主要新聞社に寄稿しています。ニュースとして公開すればいいのでは？聖ウラジーミルではなく、ウラジーミルにしてください。メッテルニヒは、1830 年にフォン・ナイプベルク伯爵に宛てた手紙の中で、ロスチャイルド家の虚栄心を私的に批判している。

> ロスチャイルド家はサンジョルジュが好きなんだ。なんという虚栄心でしょうか。巨万の富と惜しみない忠誠心にもかかわらず、ロスチャイルド家は栄誉と名声に対して驚くほど貪欲であった。(大英博物館資料)

メッテルニヒは、非キリスト教徒である彼らに勲章を受ける資格はないとして、ロスチャイルド家の要求に反対し始めたことが知られているが、それでもなお、特別な栄誉を求める声は絶えることはなかった。1867 年、ジェームズの長男アルフォンスは、ロンドンにいるいとこたちに手紙を出した。

> ビスマルクの（ロンドン訪問の）最も顕著な成果は、装飾品の配布であった。父は、最高位の勲章である大赤鷲賞を受賞しました。プロイセンのユダヤ人は誰も受け取っていない。(*金と鉄*、フリッツ・シュテルン、1150 ページ）。

オグレディが、ユダヤ人の地位がない世界大会で非公式ながら強力な代理人を務めたというテーマを引き継ぎ、彼らのためにアメリカが行った努力について述べている。

> アメリカのユダヤ人は、1913 年のブカレスト平和会議に、アメリカの公式代表ではなかったが、「完全かつ平等な権利」の要求を提示するように影響を与えた。

1913 年 10 月、英国ユダヤ人協会はエドワード・グレイ卿に共同追悼文を送り、ユダヤ人に対する新しい確約を確保するよう求めた。、ルーマニアが同様の確約を繰り返し無視し、否定してきたことを指摘した。

> アメリカの国務長官エリフ・ルートは、セオドア・ルーズベルト大統領の要請を受けて、1906 年のアルジェリア会議にアメリカを代表して出席したホワイト大使に、モロッコにおける宗教的・人種的寛容の保障を検討するよう強く要請していたのだ。

> 講和会議での世界ユダヤ人の行動は、ヴェルサイユ条約でポーランドに課された規定ほどよく示されているものはない。冷酷な征服者なら、これほど厳しいことはないだろう。1919 年 6 月 28 日、ポーランド代表は少数民族条約に調印し、ポーランドは主権の分割と上級の特権階級の創設を約束した。(オリビア・マリア・オグラディ、344-347 ページ）。

ほとんどの国の一般人は、生計を立て、家族を養い、それらを実現するための仕事をする以外に、ほとんど時間を割くことができず、政治や経済問題、あるいは戦争や平和など、自分の生活や国に影響を与える重要な事柄にはほとんど時間を割けないことが、歴史的に繰り返し示されています。

しかし、ある種の人々はこうした制約を受けず、重要な問題がどこで誰によって決定されるかを常に知っているようであり、政治や経済のあらゆる動向を把握するグローバルなネットワークを持っているようだった。高度に組織化され、声高に主張するこれらの集団は、常に一般市民より優位に立っていた。

チェレップ・スピリドビッチ著『*The Hidden Hand*』や作家オリビア・マリア・オグレディ氏の広範な研究によれば、これらの非常に効果的なグループは常にユダヤ人であるか、ユダヤ人に支配されコントロールされてきたという。

その中でも、1919 年のパリ講和会議とイスラエル建国は、最も説得力のある例であろう。引き続き、オリビア・マリア・オグレディさんのアカウントを紹介します。

> 1919 年の黎明期、パリには、富裕層のユダヤ人、貧困層のユダヤ人、正統派のユダヤ人、社会主義者のユダヤ人、金融家、革命家など、文字通り世界中からユダヤ人が集まり、フランスの首都で仕事をするようになったのだ。
>
> 講和会議へのユダヤ人代表団委員会は、1919 年 3 月 25 日に完全に組織された。さらに、世界シオニスト機構とブナイ・ブリスの代表が委員会の構成に加わり、1 千万人のユダヤ人の代弁者を名乗ったのである。
>
> ウッドロウ・ウィルソン、ジョルジュ・クレマンソー、その他の国際的な著名人は、これらの国際的なユダヤ人の手の中にある単なる操り人形に過ぎなかった。世界の超国家という構想は、長い間ユダヤ人の夢であったが、

> ウィルソンが自分で作ったものだという自惚れは、ユダヤ人の代表団と彼らが支配する世界の報道機関によって全面的に支持された。「民族自決と同質性の原則を極端に押し出すことは許されなかった」と、あるユダヤ人史家は満足げに書いている。
>
> ユダヤ人代表団の手際の良さは、ヴェルサイユの完成品にはっきりと見て取れる。キリスト教全域の主権を破壊するための下地は、ユダヤ人代表団委員会のブレーンによって十分に準備されていたのである。絶対的な主権が縮小されたのである。第二次世界大戦が勃発すると、「新・拡大国家」は「連合国及び連合国の主要国との条約に、人種、言語又は宗教によって国民の大多数と異なる住民を保護するために同国が必要と認める規定を盛り込む義務を負う」ことを余儀なくされました。
>
> パリ講和会議のユダヤ人代表の中には、後にロシアのボルシェビキ革命に資金を提供したウォール街の銀行家の一人となるジェイコブ・シフがいた。ユダヤ人の勝利の頂点は、「国家集団の権利」を国際連盟の国際的な保証と管轄下に置くという条項であった-「世界を民主主義のために安全にする」ことに関心を持つ者は誰もいなかった。(ウィルソンの意思表示、オリビア・マリア・オグラディ)

ウィルソンは、国際連盟の意図と目的に惑わされたかもしれないが、広い目を持ったアメリカの上院議員たちは、その推進者の意図を見抜くことができた。彼らは、国際連盟がアメリカの主権、憲法、権利章典を破壊しようとするものであることを見抜き、この条約がアメリカ上院に批准を求められたときに、そのように拒否したのである。

上院での反対派のリーダーは、ハイラム・ジョンソン上院議員とウィリアム・E・ボーラ上院議員で、彼らの愛国心は限りなく高かった。愛国心の塊のようなボラー。1919 年 11 月 11 日、この条約は否決された。

イギリスのロイド・ジョージ首相も、ヴェルサイユ条約が各国に課した制約の危うさを見抜いていた。1919 年、彼は週末の会議の合間を縫って、自分の不安を紙に書き出した。

> 国家がその力のすべてを費やした戦争によって疲弊し、血を流し、壊れてしまったとき、戦争の恐怖を経験した世代が過ぎ去るまで続く平和を確立することは難しいことではありません...したがって、30 年続く平和の断片を元に戻すことは比較的容易です。しかし、難しいのは、戦争を実際に経験した人たちが亡くなったときに、新たな闘いを誘発しないような平和を確立することだ......」。
>
> ドイツから植民地を奪い、軍備を単なる警察部隊に、海軍を 5 流国のものに縮小しても、結局は、1919 年の講和で不当な扱いを受けたと感じれば、征服者から報復を受ける手段を見出すでしょう。
>
> 4 年間の説明のつかない虐殺が人間の心に与えた印象、深い感銘は、大戦という恐ろしい剣が焼き付けた心とともに消え去るだろう。ロイド・ジョージは、ドイツに正義がもたらされるよう勇敢に努力したが、それは努力の不足ではなく、フランス人ジョルジュ・クレマンソーの悪質で残酷な行動、態度、要求によって特徴づけられる、彼に対して立ち上がる冷酷な国際主義の力によって失敗したのだ。
>
> 1919 年 3 月にフォンテーヌブローで書いたほとんど予言的な言葉は、ロイド・ジョージが先見の明を持っていたことを物語っている。ロイド・ジョージは、18 世紀から力を蓄えてきた革命勢力に敗れたのである。組織も資金も充実しており、事実上止められない。ある意味、ロイド・ジョージは、コントローラーの存在が足かせになっていた。フィリップ・A・G・D・サスーン卿、バート、ロスチャイルド家と婚姻と血縁関係にある。サスーンは英国枢密院のメンバーとして、同窓会の秘密審議に参加することができた。

ヴェルサイユにおけるフランスの政策とその結果につい

て説明した 1940 年 5 月 17 日付の『タイム』誌は、ロスチャイルドの検閲からまれに逸脱して、次のようにも確認されている。

> 重要な内務省には、レイノー首相が植民地大臣を務めた 54 歳の精力的なジョルジュ・マンデルを起用した。小柄で細い鼻のクレマンソーは、先の大戦でタイガー参謀長として内政を管理し、民衆の士気を維持してきた人物である。
>
> 政治家の国の超政治家である彼は、最近、植民地省（と郵便局）で、クレマンソーにとって不可欠な存在であったダイナミズムと行政手腕が全く失われていないことを示した。

大英博物館での研究から、パリ講和会議とそれに続くヴェルサイユ条約の成功は、国際連盟が万人に受け入れられるかどうかにかかっていたことが明らかだ。国際連盟は、すべての国の主権を簒奪する単一の世界政府を設立し、パレスチナをシオニストに与えようとする最初の組織的試みである（）。

このような見方は、1919 年 1 月にパリに到着したウィルソンの言葉からも確認できる。

> 国際連盟が中心です。

周知のように、ウィルソンはロスチャイルド家に仕えるマンデル・ハウスから入念な訓練と指導を受けており、命令に従わなければならないことは分かっていた。大英博物館にあるロイド・ジョージの資料を調べると、イギリスの首相がウィルソンと戦ったが、無駄であったことが明らかになった。ロイド・ジョージの猛反対にもかかわらず、ウィルソンは国際連盟設立の提案を最初の議題とすることを主張した。

私は、大英博物館で国際連盟について何カ月もかけて調べ、ウィルソンが、マンデル・ハウスを通じてロスチャイルド卿から間接的に受け取った指示で武装してパリに赴いたことを発見した。

ウィルソンは、プリンストン大学の教授として、学生のクラブ活動を禁止して「スノッブ（俗物）」と呼ばれる人々をなくそうとしたとき、マンデル・ハウスを通じてロスチャイルド家の目に留まったのだ。しかし、この社会主義的な信念を早くから示していたことがハウスの目に留まり、ニュージャージー州知事、ひいてはアメリカ大統領の座を勝ち取ることにつながった。共和党全国委員会のウィル・ヘイズ委員長は、ウィルソンについてこう語った。

> 彼は、社会主義のあらゆる教義、政府の無制限の財産に関するあらゆる観念、彼の頭の中を過ぎるかもしれないあらゆるぼんやりとした気まぐれにしたがって、支障なく世界を再建しようとしているのだ。

ウィルソンの大統領職に関する私の研究によると、ヘイズは正しい道を歩んでいたが、ウィルソンのアジェンダを実行しているのが誰なのか、 知る由もなかった。ロンドンからマンデルハウス経由で常に送られてくる明確な指示には、曖昧なところがなかった。ロンドンからの指示の 1 つは、ウィルソンの「14 ポイント」に関するものだった。実は、彼がパリ講和会議に提出する「14 項目」は、ロスチャイルド家とブランディス判事が起草し、ユダヤ人のバーナード・バルフの監視のもと、ウィルソンが会議で自分のものとして使うように命じて渡したものであった。

2 つ目の国際連盟の指示も、ウィルソンの仕事だったと言われている。第一次世界大戦の開戦時に、アメリカが戦っているのは「ドイツ国民ではなく支配階級である」という演説は、純粋なハウスのレトリックであった。オリビア・マリア・オグレディの名言の続きです。

> ウィルソン大統領は、ユダヤ金融界の仲間に囲まれ、不

> 吉なカーネル・ハウスにあちこちで押され、シオニストのブランデイスに助言されて、自分はすべての歴史の中で偉大な「平和構築者」であると思いこんでいた。彼は、歴史について何も知らないことを証明した歴史家であった。
>
> ユダヤ人の手に渡り、自分たちの目的のために利用され、この国（アメリカ）を悲惨な戦争に巻き込み、アメリカを破壊するために計画された一連の出来事を引き起こしたのです。
>
> 彼は、自分を意のままにする人々に媚び、賞賛され、自分が神のように振る舞い、世界とそこに住む人々を自分自身のイメージ通りに作り変えることを想像していた。アメリカ国民の利益を守り、促進することを宣誓した彼は、突然、世界を救う使命があると信じ込んだ。
>
> 勝利なき平和」を訴え、「戦争を終わらせるための戦争」「世界を民主主義のために安全にするための戦争」に米国を突入させると宣言したのだ。それ以来、歴史は彼の二枚舌の無益さを繰り返し強調してきた。
>
> 1918 年 11 月 11 日、平和と勝利が訪れ、ウィルソンはパリに急いだが、そこで両者を失った（オリビア・マリア・オグラディ）。

これは、アドバイザーに囲まれ、守られていたウィルソンにとっては、少々酷な話かもしれない。

> 現在の戦争（第二次世界大戦）を引き起こした、この犯罪的で背信的な講和条約を、私たちは正しく評価することができるようになった。
>
> 14 項目の約束でドイツ政府を裏切ったのはウィルソンではなく、アラブ人に嘘をついて参戦を促したのはロイド・ジョージでもなく、ジェロボーム・ロスチャイルド、フィリップ・サスーン卿、バーナード・バルフだった。ウィルソン、ロイド・ジョージ、クレマンソーは、反対する勇気のない権力に従順に行動した限りにおいてのみ、有罪である。この 3 人のユダヤ人は、ロスチャイルド家

> の財力を代表して、悪名高い講和条約の本質的な条項を決定した。
>
> 彼らは国際労働局を創設し、賠償委員会とブリュッセル金融会議を手配し、パレスチナをユダヤ人に与え、国際連盟と世界法廷を我々の加盟なしに設立したのである。
>
> 彼らの世界政府のための壮大な機械の実現を妨げているのは、我々が参加することを拒否しているからだ（*ロスチャイルド・マネー・トラスト*、67、68 ページ）。

この記録にはハウス大佐の名前は出てこないが、それでもハウスは、バルーク以上にロスチャイルドの在米権益を代表して会議に出席していたのである。*ロスチャイルド・マネー・トラストより*続く。

> この 3 人のユダヤ人は、ウィルソン大統領の 14 項目の放棄と、ドイツが武器を捨てた際の約束の明白な違反に責任があるのです。ウィルソン大統領の約束が守られていれば、第二次世界大戦は起こらなかっただろう。もし、国際連盟に加盟していたら、そんなことはなかっただろう。なぜなら、私たちは、鉄の手で私たちを支配する「専制君主」の臣民だからだ……。
>
> ジェロボーム・ロスチャイルド（マンデル）はレイノー内閣の一員で、フランスが大英帝国との合併を拒否し、代わりに降伏を決めたとき、彼とともに辞職して逃亡した。フランス国民は今、自分たちが温情主義者の犠牲になっていることに気づいているようだ、とマスコミは言っている…。
>
> 国際連盟のプロジェクトは、ウィルソン大統領によって始まったわけではない。彼はそれを主張しなかった。正確な起源は不明だが、ユダヤ人の手柄だと主張している。ロンドンの『*デイリー・メール*』*紙は*、「歴史上、最も精巧に作られた偽物だ」と評した。
>
> この講和会議は、ドイツとの平和条約締結を口実に、パレスチナをユダヤ人の居住地として定め、イギリス政府に統治権を与えるものであった。それ以来、ユダヤ人は

> アラブ人と戦争を続け、事態は耐え難くなり、イギリス政府はユダヤ人とアラブ人の間で国を分割し、その責任を放棄しようとしたが、ユダヤ人もアラブ人も喜ばなかった。
>
> アメリカの人々は、超政府を望んでいないし、ローマのローマ法王やシオンの血を引く専制君主に支配されることを望んでいない。共和党が、12 人の頑迷な民主党の助けを借りて、国際連盟の計画を僅差で破ったとき、我々はこれを辛うじて免れた。 国際連盟はまさにそのようなものであるはずだったからである（オリビア・マリア・オグレディ、68、69、85 ページ）。

オグレディが書いた墓碑銘（世界に対する厳しい警告かもしれない）は、まさにうってつけのものだった。

> 1938 年末には、国際連盟の崩壊はほぼ決定的になった。それまで加盟していた 62 カ国のうち、残ったのは 49 カ国になった。1940 年末には、消滅してしまった。
>
> それは、ロスチャイルド家が恐れた神聖同盟、ヨーロッパ協商会議、常設仲裁裁判所といった先達の道をたどったものである。
>
> 失敗したのは、米国が参加を拒否したことと、人類がまだその共通項である「平凡さ」に還元されていないためだ。
>
> 母」「家」「旗」「天」「神と国」という観念が、まだ人々の心に深く根付いていたのである。このような「反動的ブルジョア」の概念が人間の脳から消え去るまでには、もう一つの戦争、そしておそらくもう一つの戦争が必要であろう。

メイヤー・アムシェル・ロートシルト

ドイツ・フランクフルトのユーデンシュトラーセにある
ロスチャイルド家の家屋。

グーテ・シュナッパー・ロートシルト

ジェイコブ・ジェームズ・ロートシルト

ライオネル・ロスチャイルド

数十億円の財産を支配した最も有名なロスチャイルドの息子たち。ソロモン、ネイサン、カール・ロスチャイルド

イギリスのロスチャイルド家の別荘「ワデスドン・マナー（邸宅）」。

シャトー・ド・フェリエール ジェイコブ・ジェームズ・ロートシルト作

ナポレオン・ボナパルトとアーサー・ウェルズリー(ウェリントン公)

スール元帥とブリュッヒャー元帥

第 13 章

国際連盟：単一の世界政府を樹立しようとする試み

国際連盟の驚くべき点は、これを米国に受け入れさせるために大きな圧力がかかり、そのために並々ならぬ努力が払われたことである。ウィルソンは、議論もせず、変更もせず、そのままの状態で条約を批准することを要求した。

アメリカのロスチャイルドのエージェントたちは、アメリカ国民は何でも受け入れると評価しており、1915 年に密室で交わされた密約を受け入れることを期待されていたのである。これが、ロスチャイルドが見慣れていることなのだ。いつも、"我々の意志を実現せよ "と言わなければ、大変なことになるのは目に見えている。

1919 年 9 月 22 日、I.アメリカのフェビアニストであるショットウェルは、上院が条約を遅滞なく批准することを要求し、世界教会協議会の総書記であるチャールズ・マクパーランドも彼の訴えを支持したのです

これは、国際社会主義がいかに米国に根付いていたかを説明するためである。

当時もシオニズムは決定的な要素だった。アメリカにおけるシオニスト運動については、ウォルター・ラクール著『*シオニズムの歴史*』に興味深い記述がある。

アメリカのシオニスト組織が誕生したのは、1917 年のこ

> とだった。しかし、東ヨーロッパでの出来事にもかかわらず、この運動の影響は、アメリカの生活ではほとんど感じられない。何しろヨーロッパは遠く、アメリカのユダヤ人の状況やその見通しなど、何の心配もなかったのだ。この運動は、本質的にイーストサイドの特徴を担っているのです。金も威信も政治的影響力もない。一方、その指導者は、ラビ・スティーブン・ワイズなど同化したユダヤ人たちである。ブランデイスは、アメリカで最も尊敬されている弁護士の一人で、後に最高裁判所判事となる人物である。1901 年に渡米したヘルツルの側近で、イギリスのシオニスト、ヤコブ・デ・ハースの説得を受けた。
>
> ブランデイスは、他のシオニストの指導者の言葉を借りれば、ユダヤ人の生活とは全く無縁で、その文学や伝統にも疎く、ユダヤ人を再発見しなければならなかったのである。しかし、ひとたびシオニストの理想に心を奪われると、その運動に多くの時間とエネルギーを捧げ、1914 年から最高裁に任命されるまで、会長を務めた。シオニズムを政治的な力にしたのは、他のどんな出来事よりも、ルイ・ブランデイスがこの運動に共感したことであった。シオニストであることが、急に尊敬されるようになった。(160,161 ページ)

このラクーアの著書からの抜粋には、非常に重要な記述がある。

> **1.**シオニズムは、大多数のアメリカ人ユダヤ人の関心事ではなかった。
>
> **2.**アメリカのユダヤ人の大多数は、ヨーロッパでの戦争にあまり関心がなかった。
>
> **3.**ブランデイスは、一般に受け入れられている意味での宗教的ユダヤ人ではない。
>
> **4.**シオニスト運動は、ブランデイスが参加する以前は、基本的に東方の無宗教のボルシェビキ・ユダヤ人、つまり、トロツキーがキリスト教国ロシア打倒のために募集したユダヤ人による社会主義運動であった。

> **5.**アメリカのユダヤ人の大多数は、ブランデイスが注目するまでは、イスラエルへの移住には関心がなかった。彼らの宗教では、メシアの再臨の前にユダヤ人国家はありえないという教えがあるため、少なくともシオニズム国家のような政治的な意味での「祖国」としてのパレスチナは考えていなかったようである。

公正を期し、ユダヤ人を傷つけることを望まず、厳密に客観的になるために、私はブランデイスの歴史を何千ページも調査したが、彼がユダヤ教を再発見したという証拠は見つからなかった。ブランデイスが宗教的なユダヤ人になったという証拠は見つからなかった。私が見つけたのは、デ・ハースがブランデイスを積極的なシオニズムに改宗させたということです。これは宗教的な運動ではなく、政治的な運動であり、ブランデイスは聖パウロがキリスト教に改宗した以上に、政治的な運動に参加したのです。

その後、ブランデイスは、非宗教的ユダヤ人による純粋な政治団体である世界シオニスト連盟の臨時会長に就任した。

ロスチャイルド家がすべての段階で関与した歴史的出来事として最もよく知られているのは、シオニストたちが100年前から目指していたパレスチナの地にイスラエル国家が誕生したと一般に考えられている「バルフォア宣言」であろう（）。しかし、1914年まで、彼らは目標に対して何の進展もなく、少なくとも特筆すべき進展もなかった。シオニズムは、パレスチナにユダヤ人国家を建設するという、よく言われる目標に、1897年のヘルツルのときよりも近づいてはいなかったのである。米国議会の記録や大英博物館の資料、在ロンドン米国大使ロバート・ランシングの戦記、ラムゼイ・マクドナルドの著作などによると、第一次世界大戦は、パレスチナにシオニズム国家を樹立するというヘルツルの夢を実現する絶好の機会であったという。ランシングは1915年にアメリカを第一次世界大戦に参戦させ、ハウスはロスチャイルド家の代理人として、ウィルソンへのロビー活動に参加した。ウィルソンへの圧力は大きく、アメリカ国民の 87%の希望に反して、アメリカはヨーロッパ戦争に突入してしまったのである。

歴史家たちは、大多数のユダヤ人がパレスチナに「ユダヤ人のための祖国」を作ることに賛成していたという印象を常に持っている。いろいろと調べていくうちに、これはプロパガンダであることがわかりました。

実際、ロシアやイギリスでは、このような祖国はメシアの再臨の後にしか作れないと考える宗教的ユダヤ人たちから大きな反発があった。

宗教的ユダヤ人の態度を軟化させるため、ワイズマンは 1917 年 5 月 20 日にロンドンで演説を行い、イギリス政府がパレスチナに対するシオニストの計画を支持する用意があることを知っていると述べた。

もちろん、このような発言をする権限はなかったが、ロスチャイルド卿の権力と威光が勝ることを承知で発言したのであろう。特にワイズマンが宗教ユダヤ人を「少数派」と呼んでいたため、有名なモンテフィオーレ・ジュース王朝のクロード・モンテフィオーレを中心とする反シオニスト宗教ユダヤ人反対派は非常に憤慨している。

A History of Zionism によると、英国代議員会の議長であるモンテフィオーレとデビッド・アレキサンダーの署名入りの手紙が*ロンドン・タイムズ紙 に送られ*、*「パレスチナとシオニズム、英国ユダヤ人の見解」というタイトル*で 1917 年 5 月 24 日に掲載されたという。

> 彼らは、シオニストの「定住地を持たない民族」理論に改めて抗議した。この理論が一般に受け入れられれば、時代錯誤としてあらゆる場所でユダヤ人を消滅させることになる。また、「パレスチナに住むユダヤ人が、政治

> 的特権や経済的優遇などの特別な権利を得ることは、災難である」とも述べている。これは、万人平等の原則と矛盾していた。それは、ユダヤ人が平等な権利を得ている場所を危険にさらし、パレスチナのユダヤ人を他民族の隣人との最も激しい争いに巻き込むことになる。(193、194 ページ)

シオニストではない宗教的ユダヤ人の知恵と先見性は、今日まで混乱が続くパレスチナの悲劇に反映されている。数年後、彼らの意見は、ユダヤ人の宗教団体「エルサレムの友」（Naturei Karta）に取り入れられた。*ニューヨーク・タイムズ紙に* 12 回にわたって掲載された全面広告では、イスラエルは宗教的ユダヤ教徒と律法に著しく背いた不法な国家であり、正統派ユダヤ教徒にとって災難であると断じた。

第 14 章

イギリス政府はアラブ人を裏切り、「アラビアのロレンス」

アラビアのロレンスの裏切り、英仏間の密約（サイクス・ピコ条約）など、巧妙な手口で、終戦時に両政府はアラブの土地を分割することを決定したのだ。これって、異常だと思いませんか？そうです。ロスチャイルドの支援があってこそ、実現できたことです。そのひとつが、シオニストの指導者ソコロウが、もうひとりのシオニスト、ザッハーという男を指名してバルフォア宛ての草稿を作成させ、それによると、ユダヤ人国家としてのパレスチナの再建は本質的な戦争目的のひとつであるというものであった。ソコロは、「野心的すぎるのではないか」と疑問を持った。

> 「これは、ロスチャイルド卿も同じ考えであった。しかし、外務省が発表した草案では、ユダヤ人迫害の犠牲者に対して「亡命」「難民」「聖域」といった言葉が使われており、彼らは落胆した。言うまでもなく、この草案はシオニストによって拒否された。シオニストは、パレスチナをユダヤ人の民族的故郷と認めるという原則が確認されなければ、この宣言は意味をなさないと主張したのだ。そして、7 月 18 日、ロスチャイルドはバルフォアに妥協案を提出した。ユダヤ人の国家ではなく、国民の家について言及したのだ。
>
> (*シオニズムの歴史*、195-196 ページ ソコロウ、*Geschite des Zionismus*、大英博物館資料）。

しかし、残念ながら、宗教的なユダヤ人指導者の抗議の声は、政治的なシオニズムによってかき消され、ロスチャイルド家の支援を得て、彼らに有利になるように傾いた。ラムゼイ・マクドナルドは、このような卑怯な行為に対して、自分の気持ちをまとめてくれた。

> パレスチナを含むオスマン帝国のアラブ諸州からアラブ王国を作ることを約束し、トルコでのアラブの反乱を促したのです。
>
> 同時に、パレスチナが彼らの入植と統治のために利用できるようにすると約束して、ユダヤ人に協力を促した。また同時に、フランスと領土を分割するサイクス・ピコ協定を結び、エジプトの総督にアラブ人に約束するように指示した。この物語は二枚舌の物語であり、私たちはその後に続く非難を免れることはできない。

マクドナルドは、「当時、私たちはパレスチナが自分たちのものになると約束することで、ユダヤ人に協力を促した」と言ったが、これはいったいどういう意味なのだろう。ユダヤ人はどのように戦争に協力したのでしょうか。アラブ人のように、ユダヤ人の国からトルコ人と戦う男たちを提供することでか？いや、全然そんなことないんですよ。シオニストは、イギリスやアラブ人がトルコと戦うために、人手を提供することはなかった。シオニストはどのように貢献したのでしょうか？

彼らは、アメリカ国民の 87％の意思に反して、アメリカ議会を説得し、ドイツに宣戦布告させた。そのために、7000 年前からパレスチナに住んでいた先祖を持つアラブ人や他のパレスチナ住民に隠れて、イギリスは、アメリカの共犯で、国際法で認められていないにもかかわらず、シオニストにパレスチナを約束したのである。

アーノルド・トインビーが「災難」と呼んだものに対して、抗議の声を上げたのはわずかであった。オリビア・マリア・オグレディを含む数人の作家が、「バルフォア宣言」につながったサイクス・ピコ分割計画への抗議に参加したのである。

> イギリスとその同盟国は、戦争中ずっと「世界の自由のために戦っている」と宣言し続けた。バルフォア宣言には、どのような自由が含まれているのでしょうか。イギリスは、どのような権利によって、他民族の土地を処分することを提案しているのでしょうか？ある国が他の国の領土に、外国人のためのナショナルホームを設立しようとするのは、どのような道徳的根拠に基づいているのだろうか。パレスチナはイギリスのものではなかったのだ。

アーノルド・トインビーは、理想主義の歴史哲学に照らして人類の発展を総合的に再検討した全10巻の著作『*歴史の研究*』で世界的に高い評価を受けたイギリスの歴史家であり、代表的な公人であった。

このため、マクドナルドやトインビー、アラビアのロレンスをあえて「反ユダヤ」「反ユダヤ主義」と呼ぶ者はいない。このような脅しがあったために、他の多くの同じ考えを持つ人々が、不正なバルフォア宣言に表れたイギリス政府の二枚舌を糾弾することができなかったのである。トインビーは『*歴史の研究*』*の中*で、パレスチナをめぐるアラブ人の裏切りに対する怒りを表現している。

> 1948年にパレスチナ・アラブ人に降りかかった災難の直接的責任は、その年に武力によってパレスチナに自分たちのための領地を奪ったシオニスト・ユダヤ人の頭にある一方で、重い間接的責任はイギリスの人々の頭にある。もしシオニストが1918年にはごく少数だったアラブの国を征服する機会を1948年に持つことはなかっただろうから。その後30年間、英国の権力は、パレスチナへのユダヤ人移民を可能にするために、意に反して、抗議にもかかわらず、また1918年にこの長く続いた英国の政策の犠牲者となることになるこの国のアラブ系住民の期待に関係なく、行使され続けなかったのである。

反ユダヤ的な偏見や「反ユダヤ主義者」のレッテルを貼られる可能性さえ少ないアラビアのロレンス（ロレンス大佐）も、アラブへの約束の裏切りについて黙ってはいなかった。

> 戦争に勝っても、アラブ人との約束は果たされないままだった。しかし、アラブのインスピレーションは、東洋の戦争に勝つための主要な手段でした。だから私は、イギリスは文面上も精神上も約束を守っていると断言したのです。しかし、もちろん、私は一緒にやったことを誇りに思うどころか、結局はひどく恥ずかしく思っていた。

ローレンスが「完全に裏切られた」と表現したことに、オグレディをはじめとする他の声も加わった。

> ローレンス大佐には、恥じるべき理由があった。アラブ人がイギリスのために戦い、死んでいく一方で、イギリス外務大臣アーサー・バルフォアは、パレスチナをユダヤ人と交換し、アメリカをイギリス側の戦争に参加させるという約束をしていた。 この裏切り行為に加えて、イギリスとフランスはサイクス・ピコ条約によって、戦争終結時にアラブの土地を両国の間で分割することに合意したのである。

トインビーが、シオニストやその師であるロックフェラーやロスチャイルドに批判的な感情を示すことは、彼の経歴や所属を考えると、まずあり得ないことだからだ。

陸軍省の資料（大英博物館にもコピーあり）によると、トインビーはブライス卿の弟子で、哲学的急進派の信奉者であったという。トインビーはブライスに続いて、『ブリタニカ百科事典』9 版に記事を書いた。

この論文は、『*フランスにおけるドイツの恐怖：歴史的記録*』と題され、臆面もなく反ドイツのプロパガンダを行ったもので、1917 年にニューヨークで出版されたのが大きな特徴である。明らかに、アメリカをヨーロッパ戦争に引きずり込もうとするウィルソン大統領を助けるための誘引であった。ドイツの蛮行はどれも証明できなかったが、この記事は広く事実として受け止められた。

これこそ、ウィルソンがオックスフォード大学バリオール・カレッジの研究員から、なぜアメリカが「世界を民主主義のために安全にするために」息子たちをフランスに送り込んで死なせなければならなかったかを説明するために必要な正当化である。

トインビーは、パリ講和会議の英国代表団に任命されたとき、次に話を聞くことになる。この地位は、300 人委員会の外交政策部門である王立国際問題研究所で自分の将来を考えるとき、危険にさらされることになるのだ。

そのため、トインビーはメッカの保安官フセイン・ビン・アリとローレンス大佐との約束や、その後の二人の信頼の裏切りが、イギリスのトルコ軍に対する勝利を可能にした度合いを熟知していたに違いない。

トインビーは、単一の権威主義的な世界政府を提唱する大著を書き、そのコピーはハウス大佐からウィルソン大統領に渡され、ウィルソンと王立国際問題研究所の多くの独断がこれに基づいていたのであった。トインビーには 25 万ドルもの資金が提供されていることがわかったが、ロスチャイルド家からも資金提供を受けていたことを直接示すものはなかった。しかし、国際連盟の会議でウィルソンに指示を出したのがハウスであることから、そうしたつながりがあった可能性はある。

ここに災いの種があり、パレスチナで今日まで続く混乱の原点がある。正統派のナチュレ・カルタのユダヤ人のような公平な人々は、この文書に含まれるロスチャイルドとバルフォアがアラブ人を売り渡したというよく隠されたストーリーを知っていたのである。正統派ユダヤ人 Naturei Karta は「ユダヤ人の祖国」という概念に賛成していない。この高貴な正統派ユダヤ人の運動は、パレスチナにおけるシオニストの存在に反対している。

欧米のキリスト教徒は、パレスチナに住む「他の」住民の運命に無関心な状態に陥っているのである。これは、彼らを尊重するものでも、キリストの言葉に体現されたフェアプレーというキリスト教の倫理を反映するものでもありません。

"己の欲せざる所、人に施すなかれ "です。

なぜ、戦争の歴史は、常にいわゆる「エリート」と呼ばれる国家の指導者たちによって始められるのか？その理由の一つは、ヘンリー・クレイが述べているように、国民の間に不満があると、この不安を抑える口実として外国の脅威が使われるからである。

第二に、おそらく最も重要な理由は、すべての戦争は経済的な起源を持つということである。銀行や金融のコントロールはエリートの手に委ねられているので、経済的利益を得るために戦争を始めることはよく知られている。例えば、国際銀行家 は、第一次世界大戦で巨額の富を手にした。ロスチャイルドはアメリカ南北戦争の両陣営に資金を提供し、莫大な利益を得た。

また、戦争は人口を減少させるというバートランド・ラッセルの理論もある。300 人委員会の目には、世界はあまりにも多くの人々で満たされ、地球の天然資源を驚くべき速さで枯渇させていると映っているのです。ラッセルによれば、その解決策は、彼が「無駄飯食い」と呼ぶ、一定期間ごとに淘汰される人たちを排除することだという。

ラッセルは、第一次世界大戦の 1 千万人の死者だけでは満足せず、定期的に疫病やパンデミックを導入し、戦争から逃れた「役立たずの食いしん坊」を淘汰すべきだと主張した。エイズの大流行は、「余剰人口」から何百万人もの人々を排除することを期待して、意図的に導入されたものである。

エリートは、中世に流行した黒死病との戦いで成功したように、疫病からメンバーを守る方法を考案してきた。歩兵が直面するタイプの兵役については、エリートは回避戦術に成功した記録があり、それは G.A.大統領の記録で証明されている。W.ブッシュとリチャード・チェイニー副大統領これらは孤立したケースではなく、あらゆる国の公文書館に豊富に存在する。

第 15 章

卑劣な二枚舌

ハーバード大学クーリッジ歴史学名誉教授ウィリアム・L・ランガー氏は、1915 年の政治状況を次のように総括している。

> 「1916-1917 年 アジア・トルコでの作戦」 パレスチナは国際行政の下に置かれることになった。1916 年 5 月 9 日、英仏間のサイクス・ピコ協定...上記協定に記された領土はフランスとイギリスが管理し、残りのアラビアはフランスとイギリスの勢力圏に分けられるが、アラブ国家または国家連合として組織されることになった。"

そして、ランガー教授はこう付け加えた。

> "これらの合意は、アラブの指導者との他の合意とは全く相容れないものであり、実際、相容れなかった。

つまり、2 つの異なる委任事項が設定され、2 つの目的が提供され、一方はアラブ人にとって全く未知のものであったのだ。

アメリカの大統領がこのような行動をとり、それが承認された歴史はあるのでしょうか？米国憲法は、ウィルソンが政府から公式に認可されていない民間人と、基本的に非公開で交渉を行うことを認めていたのか。 これらの質問に対する答えは、「ノー」に違いありません。アメリカ政府とアメリカ国民にとって、その結果は相当なものであり、屈辱的であった。さらに、バルフォア宣言がなぜライオネル・ロスチャイルドに提出され、受諾を求められたのか、彼は公的な立場にはないのだから、アメリカ国民に何の説明もなかったのだろうか。この理由だけで、バルフォア宣言は偽りの文書であり、今もそうである。当時から、イギリス政府はアラブ人と、その優秀なイギリス人指導者、「アラビアのロレンス」として知られるトーマス・エドワード・ロレンス大佐と、二重の駆け引きを始めていたことは明らかである。

そして、2 年前の 1914 年 10 月 31 日に遡り、アラブ人の地理的位置と、中東戦争で敗北から勝利をもぎ取ろうとしたイギリスの行動を詳しく解説している。

> 「キッチナー卿（イギリス軍司令官）は、メッカの大保安官であるフセインに、条件付きで独立を保証するよう申し出ていたのだ。1915 年 7 月、保安官とイギリス政府との交渉が始まった。1916 年 1 月 30 日、イギリスはフセインの条件を受け入れたが、バグダッドとバスラの正確な地位とシリアにおけるフランスの勢力圏は未確定のままであった。"

ここで注目すべきは、パレスチナにユダヤ人だけの「ユダヤ人の祖国」があるとは書かれていないことである。

> 「1916 年 6 月 5 日、ヒジャーズでアラブの反乱が始まり、メディナのトルコ軍駐屯地が攻撃された。
>
> 6 月 7 日、フセインはヒジャーズの独立を宣言し、メディナの（トルコ軍）守備隊は降伏した。
>
> 10 月 29 日、フセインが全アラブ人の王と宣言される。彼はアラブ人にトルコに戦争を仕掛けるよう呼びかけます。
>
> 12 月 15 日、イギリス政府はフセインをヒジャーズの王、そして全アラブ人の王として承認した。アーチボルド・マレー卿（1916 年 3 月 19 日からエジプト司令官）がシナイとパレスチナでの慎重な攻勢を決定したのは、アラブの反乱を強化するためであった。これらの修正と軍事行動において、イギリス政府とアラブ人との交渉や合意

には、パレスチナに「ユダヤ人の家」を作るという話は一切なかった。もし、このような話があれば、アラブ人はそれを真っ向から拒否し、エル・アリシュを奪取することはなかったと見て間違いないだろう。この本質的な点については、ほとんどの歴史学者が同意している。

1916 年 12 月 21 日、イギリスは砂漠に鉄道とパイプラインを敷設し、エル・アリシュを占領した。1917 年 4 月 17 日から 19 日にかけて、イギリス軍はトルコ軍とドイツ軍の連合軍に撃退され、大きな損失を被った。6 月 28 日、マレーの後任にエドモンド・アレンビー卿が就任した。

7 月 6 日、戦争の英雄、トーマス・E・ロレンス大佐が登場し、アラブ人の動きを活発にしてアカバを占領し、トルコの守備隊、特にトルコの通信網で最も重要なヒジャーズ鉄道の警備隊に対する素晴らしい攻撃を開始した。このヒジャーズとアカバの鉄道沿いの戦闘は、すべて ローレンスの指揮するアラブ軍によってのみ行われたことが、歴史的に確認されている。これらの重要な作戦にイギリス軍は参加しておらず、ユダヤ人部隊の参加についても言及されていない。ランガーや他の歴史家は、アラブの援助がなければ、イギリスがトルコをアラビアとパレスチナから追い出すことはできなかったと認めている。実際、トルコをアラビアとパレスチナから追い出したのは、ロレンスの指導するアラブ人であった。ローレンスとその約束の下にあるアラブ人が、「ユダヤ人のための祖国」が自分たちの闘争の報酬になると知っていてそうしたのだと考えるのは、きわめて非論理的である。"

ランガーはさらにこう続ける。

パレスチナ戦線では、1917 年 10 月にイギリスの新司令官エドモンド・アレンビー将軍が進軍を開始し、12 月 9 日にはアレンビー将軍がエルサレムを占領していた。アレンビーは、イギリス軍が大敗したフランス戦線の危機に対処し、勝利したドイツの進攻を阻止するために、大規模な部隊をフランスに派遣せざるを得なかったことが、イギリスの進攻を遅らせた。イギリス軍は、フランス・ドイツ軍のヨーロッパ進出を食い止めるため、メソポタ

> ミアとトルコで戦っていた全軍をドイツ・フランス戦線に帰還させるよう命じました。

パレスチナには、少数の守備隊と補給隊を除いて、英軍は残っておらず、大部分は 1918 年 3 月 18 日にフランスに送られたのではないかと思う。イギリス軍がアラブ人に物質的に助けられたというランガーの発言は誤りである。フランスに送られたイギリス軍本隊の残党であるイギリス軍に助けられたアラブ軍が、ほとんどの戦闘を行ったのである。ランガー 、イギリス軍はパレスチナにおけるトルコの存在を終わらせたと付け加えている。私は、彼の話は明らかに間違っていると思います。

パレスチナにおけるトルコの存在を終わらせたのは、アラブ勢力であった。パレスチナでの大きな戦いには、フランス軍もイギリス軍もユダヤ軍も参加していない。これは紛れもない事実である。トインビーとローレンスは、『ロンドン・*タイムス』紙に掲載された*ランガーの報告書を虚偽と断定し、憤慨した。イギリス軍を奪われたアレンビーは、トルコ軍との戦いを続けるためにアラブ軍に頼らざるを得なかった。戦いに慣れたアラブ人は、1918 年 9 月 8 日の作戦でトルコ軍をパレスチナから追い出すとわかっていたからだ。ランガーはこう語る。

> イギリスは地中海付近でトルコの戦線を突破し、敵軍の鎮圧を開始した。イギリス軍は、ローレンス率いるアラブ人に大きく助けられて、北上することができるようになった。

ここでもランガーさんは、戦闘の大部分を担ったアラブ人部隊の果たした重要な役割を軽視することに苦心している。その著書の 316 ページで、歴史家のオグラディがパレスチナでの出来事について意見を述べている。

> イギリス軍が聖地に進軍し、ユダヤ人はカイザーの手中にあるパレスチナの見通しが立たなくなり始めた。イギリスが世界中のユダヤ人にパレスチナでの足場を保証す

> れば、彼らはイギリスのために働くだろう。1917 年 2 月、マーク・サイクス卿を主な仲介者として、イギリス政府との交渉が開始された。1917 年 11 月 2 日、バルフォア卿は、米国内の個人間の秘密交渉と広範な通信の結果を、イスラエルの無冠の王ライオネル・ロスチャイルドに宛てた書簡で還元した。

バルフォア宣言と呼ばれるようになったこの書簡は、次のような内容である。

> 親愛なるロスチャイルド殿、私は女王陛下の政府を代表して、ユダヤ人シオニストの願望に共感し、内閣に提出され承認された以下の声明をお伝えすることに大きな喜びを感じています。
>
> 陛下の政府は、パレスチナにおいてユダヤ人のための民族的祖国を建設することを好意的に考慮し、この目的の達成を促進するためにあらゆる努力を払う。ただし、パレスチナにおける非ユダヤ人共同体の市民的及び宗教的権利又は他の国においてユダヤ人が享受する権利及び政治的地位を害するようなことを行ってはならないことは明確に理解されている。この文章をシオニスト連盟に知らせていただければ幸いです。

ユダヤ人は、バルフォア卿が自分たちの大義の「正義」を見抜いて、このアイデアを英国政府に「売り込んだ」後に宣言を書いたと、異邦人大衆に信じさせようとした。手紙の公開を報告し、シオニストたちはこう言った。

> バルフォア宣言は、外務大臣だったアーサー・バルフォア卿が歴史的な書簡を起草したことだけでなく、他のどの政治家よりも、宣言に体現された政策に責任があるため、正しく「バルフォア宣言」と呼ばれている。

ユダヤ人への公平を期して、アラビアのロレンスやフセイン保安官、あるいは パレスチナに住む人々の指導者がバルフォアやサイクスから相談を受けたという記述は、もしかしたら記録されていて研究者の注意を逃れているかもしれないと思い、熱心に探したが、見つからなかった。オグレディに続く。

> そしてもちろん、これ以上ないほど真実である。原案は、ユダヤ人自身が書いたものだ。それを書いたブランディス判事は誰ですか？ブランデイスは、米国民主党の極左社会主義者であり、米国最高裁判事であり、いくつかのシオニスト組織のメンバーであった。アーサー・バルフォアとロスチャイルド卿の交渉の間、シェリフ・フセインやアラビアのロレンスは一度も登場しなかったが、ブランデイスはアメリカ国民として行動し、議会や国務省からアメリカ政府のスポークスマンとしての権限を与えられたことは一度もなかった。

歴史家のオグレディ氏は、「ウィルソン大統領が承認した」と言い切る。このことは、重要な問題を提起しています。ウィルソンがブランディス、ライオネル・ロスチャイルド、バルフォア卿、アメリカ・シオニスト党の間の「話し合い」に関与したとき、彼は大統領以外の立場で行動していたのだろうか。

* もしそうでなければ、ウィルソンは合衆国大統領として公式に行動していたのだろうか？

* ウィルソンの行動を議会は承認し、米国議会から資金援助を受けていたのでしょうか？

* もしそうなら、ウィルソンは米国議会の決議によって、どのような立場でも行動する権限を与えられていたのだろうか？

> ウィルソン社長はこれを承認し、バルフォアに提出し、署名を求めた。米国の歴史上、これほど屈辱的な出来事はない 。宣言文は、なぜ政府の役職に就いていないブランデイスが書き、イギリス政府の役職に就いていないライオネル・ロスチャイルドに提出されたのか、その説明はない。 (Maria O'Grady)

その舞台裏を、ヤコブ・デ・ハース博士がブランディス判事の伝記で解説している。

> バルフォア宣言の）相当数の草稿がロンドンで作成され、陸軍省のルートでアメリカに送られ、アメリカのシオニスト政治委員会で使用された。戦争評議会でアメリカが優位に立ったため、イギリスは宣言文の発行前にウィルソン大統領の同意と文言の承認を求めた。
>
> 政府から政府へ電送された草案は、ブランディス政権に渡され、その承認を得ることになった。最も必要な修正を行った後、ウィルソン大統領は、シオニストの目的に完全に共感していたハウス大佐を通じて、出版された版のイギリス政府への送付を許可し、すべての連合国政府が順番に承認した。
>
> ブランディス体制」とは、ブランディスが委員長を務めていた臨時シオニスト総務委員会のことである。読者の皆さんは、それを想像できるだろうか。ケーブルドラフト、米国、英国陸軍省、すべてシオニストのために働いているのですなんという巨大な力なのだろう。

ここでも、フセイン、ローレンス、アラブの指導者、パレスチナの人々との協議については一切触れられておらず、米国議会が米国政府以外のブランダイス委員会とロスチャイルド卿、ウィルソン、バルフォアの秘密交渉について知っていた様子もない。シオニストだけに相談があった。

> ユダヤ人の陰謀を研究する者の多くは、バルフォア宣言の背後にあるイギリスとユダヤ人の計画と目的を疑っている。宣言が公表されたとき、アメリカは 7 カ月近く戦争状態にあったが、アメリカを巻き込む要因として、その重要性は無視できないものであった。
>
> 明確な結論を出すための証拠がたくさんあったのです。しかし、この種の取引の政府交渉は常に秘密裏に行われ、取引時に決定的な証拠を得ることは非常に困難であるのが通常です。
>
> 取り返しのつかないことになり、過去の霧の中に消えてしまうと、男は回顧録を書き、かつて世界を震撼させた秘密の功績を自慢しがちである。ランドマン氏もそうだ

った。イギリスの第 2 次シオニスト合同会議の名誉書記、『シオニスト』の編集者、シオニスト・オーガニゼーションの書記兼弁護士を務めた。その後、新シオニスト機構の法律顧問を務める。

1936 年 2 月 7 日付の *London Jewish Chronicle に掲載された*「英国、ユダヤ人、パレスチナ」という題で、ランドマン氏はその一部を次のように書いている。

1916 年、ロシアの離反が目前に迫り、ユダヤ人の世論が総じて反ロシア的で、ドイツが勝利すれば、一定の条件のもとにパレスチナを与えてくれると期待していた戦争の危機的状況の中で、連合国はアメリカを味方につけて参戦させようとする試みを何度か行っている。この試みは成功しなかった。

当時、内閣官房の故マーク・サイクス卿と緊密に連絡を取り合っていた在ロンドン・フランス大使館のジョージ・ピコ氏とオルセー東部支部のグート氏は、この機会を捉えて、アメリカ大統領を参戦させる最善かつおそらく唯一の方法は、シオニストであるユダヤ人にパレスチナを約束し協力を確保することであると英仏政府の代表者に説得を試みたのだった。

そうすることで、連合国は、アメリカやその他の地域のシオニスト・ユダヤ人という、これまで疑われていなかった強力な力を、見返りとして連合国のために参加させ、動員することができるのである。この時、ウィルソン大統領はブランディス判事の意見を最大限に重視した。

マーク・サイケスもマルコム氏も、シオニストの指導者が誰であるかを知らなかった。マルコム氏が誰に頼めばよいかを知るために、L. J. グリーンバーグ氏に相談した。

この口約束は、イギリス、フランス、アメリカなどの連合国政府だけでなく、アラブの指導者たちの事前の同意と承認を得て行われたものである。すでに別のところで詳しく説明したように、ワイツマン博士とソコロウ氏は、ジェームズ・マルコム氏がイギリス戦争内閣の使者として彼らのところにやってきて、ブランディス判事を通じ

> て、連合国の援助に来るようにアメリカを誘導するために、シオニスト援助の見返りとしてイギリスがユダヤ人にパレスチナを与えると言う権限を彼に与えていたことを知っていたのである。マーク・サイクス卿もマルコム氏も、ロンドンとパリのアラブ人代表に対して、アメリカの援助なしには戦後のアラブ国家樹立の見通しは立たず、したがってアメリカの介入に協力する見返りとして、パレスチナがユダヤ人に返還されることを受け入れなければならない、と通告した。

懸命に探したが、メッカとメディナの保安官フセイン・ビン・アリとローレンス大佐との約束を越えた陰謀を知らされたとされる「パリとロンドンのアラブ代表」の名前は見つからず、ランドマン氏もこの謎の「アラブ代表」の名前を挙げていない。という疑問が湧いてきます。"アラブの代表 "はなぜ匿名なのでしょうか？

はっきりしているのは、ローレンスもフセイン・ビン・アリも、トルコとの戦争で自分や部下の命を危険にさらしていたにもかかわらず、何が起きているのか知らされていなかったこと、この二人がシオニストとの秘密交渉を知り、ロンドンやパリに代表を送るよう依頼されていたことを示す文書が見つかっていないことである。シオニストには知らされたが、戦争が行われることになったアメリカの人々には知らされなかった。

第 16 章

不実なアルビオン」はその評判に違わない

> いずれにせよ、ローレンスとフセイン・ビン・アリは、一般のアメリカ人と同様、ラムゼイ・マクドナルドが言うところの「3 つの取引」が裏で行われていることなど、何も知らなかったのである。そして、いざウィルソンが国民の大多数の意思に反して、アメリカをヨーロッパの紛争に引きずり込むと、彼の陳腐な言い訳は、戦争は「世界を民主主義のために安全にするための」十字軍であるというものだった。ウィルソンの裏切り行為は続く。ベラ・ドッド博士は 1930 年に、ウィルソン政権下で事態があまりに悪化したため、「近代史は大部分が真実に対する陰謀である」と感じていると書いている。*(神と人間に対する陰謀』* 9 ページ）。

エドモンド・ロスチャイルド男爵の支援がなければ、リソン、ジクロン、ロシュ・ピナに設立されたロシア・シオニストの入植地は失敗し、パレスチナにユダヤ人が存在することはほぼなかっただろうと私は考えている。これは、ロスチャイルドが、パレスチナにすでにユダヤ人が住んでいると見せかけるための重要な戦略であり、その裏技であった。

ロスチャイルドはまた、エクロンとメドゥルという 2 つの新植民地の設立にも貢献した。世紀末には合計 21 の農業入植地が存在したが、ロスチャイルドは入植者の能力を信用せず、入植地の直接的な監督と管理を維持することにこだわった。ヒューバート・ヘリングは、その著書*『そして戦争へ』の中*で、シオニストがパレスチナを手に入れるために、アメリカが支払わなければならなかった代償を要約している。

> 私たちは戦争の代償を払ったのです。私たちは 12 万 6 千人の死者と 23 万 4 千人の負傷者の命をもって代償を払ったのです。私たちは、戦争によって平和な世界における正当な場所から引き裂かれた何十万人もの人々の生活を犠牲にしたのである。私たちは、戦争ヒステリーの鞭によって国民のモラルにもたらされた計り知れない損害の代償を払ったのである。その代償として、私たちは経済の混乱期を迎え、そこからまだ抜け出せていないのです。戦争の直接費用は 5500 億ドルという数字になった。間接費は決して計算できない。

また、シオニスト側の対応はどうだったのでしょうか。見渡す限り、まったく何もない。余談だが、ヘルツルはローマ教皇ピウス 10 世からパレスチナへのユダヤ人移住の承認を得ることができなかった。

> 私たちはこの動きを助けることができません。私たちは、ユダヤ人がエルサレムに行くことを止めることはできませんが、決して祝福することはできません。

シオニズムの歴史』129-130 ページによれば、このやりとりは 1903 年のローマ法王との会談で行われたというから、アーサー・バルフォア卿は宣言に署名するずっと前に、カトリック教会がパレスチナへのシオニスト移民に強く反対していることを知っていながら、誰にも知らせなかったということになる。このように、1903 年にはすでに二重売買のパターンが見えていた。

カトリックのイスラエルへの反対は、ロスチャイルド家のキリスト教徒が多いロシアへの激しい憎悪につながったのかもしれない。

シオニズムの父であるヘルツルは、44 歳で亡くなった。

シオニズムの歴史』によれば、ロスチャイルド家とも、正統派ユダヤ教徒ともうまくいかなかった。正統派ユダヤ教徒は、彼の独裁的なスタイルを認めないラビが多かった。ヘルツェルはいつも、何事にも最後の一言を残したいと思っていた。

> ヘルツルの批判者たちが指摘するように、ヘルツルにユダヤ人らしいところはほとんどなかった。それはおそらく、彼のユダヤ人国家に関するビジョンに最もよく表れている...。
>
> ヘルツルは、ユダヤ人によって啓蒙された近代的で技術的に進歩した国家を構想していたが、特にユダヤ人国家というわけではなかった。（『*シオニズムの歴史*』132-133 ページ）

特に、新規入植者のほとんどがロシアから来たもので、パレスチナとは何の関係もなかったこと、ロシア系ユダヤ人が住んでいた歴史もなく、特定の宗教もなかったことを考えると、ヘルツルがユダヤ人の宗教的「故郷」としてのパレスチナに関心を持っていたことを論じるのは困難である。

漆は、とてもわかりやすく言っています。チェンバレン公は、イギリス政府から与えられる土地ではないにもかかわらず、ウガンダにユダヤ人の「祖国」を提供することを申し出たのである。チェンバレンは、ウガンダを訪れて、「ここにヘルツェル博士のための土地がある、しかし、もちろん彼はパレスチナかその周辺を望んでいるだけだ」と思ったとヘルツェルに語った。彼の言うとおりでした。ヘルツェルは、この考えを頭から否定した。彼のこだわりは、パレスチナにあり、それ以外にはない。1903 年 5 月 30 日、彼はロスチャイルドにこう書き送った。私にはもう、とても強力な助っ人がいるのです。(*シオニズムの歴史*、ウォルター・ラクーア、122,123 ページ）。

これがヘルツルの真の独裁的な行動様式であった。ロスチャイルド家とハルフォード・マッキンダー卿との間に直接的なつながりは発見できなかったが、仲介者間の書簡から、二人は多くの事柄、特に将来の単一世界政府 、新世界秩序の計画立案について相談しており、その実現はマッキンダーに託されたものであった。マッキンダーは、共産主義の温床であったロンドン大学経済学部の子弟でありながら、保守派として活躍し、パリ講和会議において、国際連盟の委任による新しい世界秩序を実現するための方策について、ウィルソン大統領に影響を与えたとされる人物である。確かにロスチャイルドは、世界社会主義の夢を実現するために力を発揮した。ウィルソンがパリ講和会議に到着して 1 ヵ月後、マッキンダーの新著『*民主主義の理想と現実*』が出版された。この本の発売のタイミングは偶然ではない。

マッキンダーは、その著書の中で、表向きは国際連盟という単一の世界政府の下での新世界秩序（NWO）の樹立を訴えている。平和的かつ自発的な手段でこの目標を達成できないのであれば、武力を行使すべきです。

マッキンダーは、新世界秩序は理想的には民主的な制度であるが、時として独裁的な制度にならないとは限らない、と認めた。シオニストは国際連盟を自分たちの構想だと主張し、マリア・オグレディもその著書の中で次のように言及している。

> ウィルソン大統領は、ユダヤ金融界の友愛団体に囲まれ、不吉なカーネル・ハウスにあちこちで押され、シオニストのブランデイスに助言されていた。(342 ページ)

シオニストは、国際連盟の概念を大いに宣伝し、自分たちの創造物であると主張した。

> ナホム・ソコロフ氏は、カールスバッドの会議で、「ソサエティはユダヤ人の考えだ」と語った。25 年間の苦闘の末に作り上げたものです。

社会主義者が支配する究極の世界政府というのは、社会主義の長年の目標であり、この構想がロスチャイルド家によって好まれていたことはよく知られていることである。自分たちの一族 の一員として、ヤコブ・シフは国際連盟の設立に尽力した。ロンドン支店の N.M.ロスチャイルドから 3,000 ポンドを贈られた。後述するように、これには下心があったのかもしれない。というのも、協会は、パレスチナにユダヤ人の「祖国」を与えるための決定的なステップである、イギリス政府へのパレスチナの委任統治に決定的な役割を果たすことになったからである。このことを念頭に置いて、私はバルフォア卿と彼のいわゆる「バルフォア宣言」に話を戻す。この宣言は、ローレンス大佐とアラブ人の背後での二重取引、ごまかし、密約に基づくものであった。

バルフォアは、パレスチナにおける「ユダヤ人の祖国」とは、パレスチナの住民にユダヤ人国家を押し付けることではないと説明したが、その後の経緯に照らしてみると、これがシオニストの目標となったのである。バルフォアが言ったように。

> ...しかし、既存のユダヤ人社会を、ユダヤ人全体が宗教的・人種的な理由で関心を持ち、誇りを持てるような中心地へと発展させることである。

バルフォアが言い損ねたのは、イギリスが何をやっても何を言っても、パレスチナは自分たちのものではないこと、イギリス政府にはパレスチナの委任統治を受ける権利が全くないことを覆い隠せないということであった。しかし、バルフォアは、ネイサン・ロスチャイルド卿の支持を受け、まるで二人がどんな恣意的な行動をとってもよいという固有の権利を持っているかのように、強引に事を進め続けた。

バルフォア卿は、7000 年以上前から続くアラブ人やキリスト教徒を含む他の住民の権利を完全に無視しました。

シオニズム研究の第一人者であるウォルター・ラクールは、バルフォア宣言に基づいてパレスチナに居住することになったユダヤ人のほとんどがロシア出身であることを確認している。彼らは、パレスチナとは何の関係もなかった。また、ロシアのユダヤ人は、ロシアから根こそぎパレスチナに送られることをあまり快く思っていなかったと、ラクーアは指摘する。

> ロシアのユダヤ人は、シオニズムやユダヤ人のナショナルホーム（宗教的祖国）に対する態度が分かれており、いずれにせよロシアを戦争に巻き込むことはできなかっただろう。一方、連合国は、はっきり言って、シオニストとの約束がなくても、戦争に勝っていただろう。

つまり、シオニストが米国を連合国側として参戦させることができれば、その見返りとして英国はパレスチナにユダヤ人の家を建てるというものであった。

> バルフォア宣言が採択された直後のプライベートな会合で、ユダヤ人に戦争への支援を求めるつもりはなかったかと尋ねられたバルフォアは、「もちろんない」と答え、世界史的な過ちを正すことに貢献できたと感じたと説明した。1922 年、バルフォアは演説を行い、ヨーロッパ文化全体がユダヤ人に対して大きな罪を犯したとし、イギリスが率先して、彼らが過去にディアスポラの国々で適用することができた大きな贈り物を、平和のうちに発展させる機会を与えたと述べた（*『シオニズムの歴史』*203 ページ）。

バルフォアは、パレスチナが 7000 年前からそこに住んでいた民族のものであるのに、なぜユダヤ人に与えることが合法だと考えられているのか、特にマダガスカルの広大な土地やウガンダの土地は、議論もなく提供され拒否されてきたのに、その理由を説明していない。また、バルフォアは、ユダヤ人（ ）のために行った寛大な処置が、パレスチナのアラブ人やその他の非ユダヤ人の犠牲の上に成り立っていることを説明しなかった。ロシアからの入植者の大半がパレスチナとどんな関係があるのか、説明することはなかった。

ヤコブ・デ・ハース博士によれば、バルフォアの利他的な主張には疑問が残る。宣言の真の動機は、米国を連合国側として参戦させることにあった。

バルフォア宣言の真の動機は、1939 年 4 月 25 日の議会記録、6597-6604 ページにあるナイ上院議員の米国上院での演説から確認することができる。

> The Next War "というタイトルでシリーズ化されている。このシリーズの一冊に「次の戦争のプロパガンダ」というタイトルがある。この巻は、シドニー・ロジャーソンという人が書いたものである。
>
> しかし、「来るべき戦争におけるプロパガンダ」を含むこれらの本の編集者は、英国の権威として世界中にその名が知られている人物である。彼は、*ロンドン・タイムズの*仲間で、作家であり、ヨーロッパにおける軍事的権威であるリデル・ハート大尉にほかならない。
>
> この「次の戦争におけるプロパガンダ」と題する一冊の本が、昨年の秋に出版され、流通を拡大させるどころか、流通を停止させようとする人々の手にかかり、苦しんでいると私は理解しています。数日前、私はこのボリュームそのものを持って上院の議場に来ました。今日は手元になくて残念です。次の戦争におけるプロパガンダ』は、米国ではこの 1 冊しかないと聞いている。入手可能であり、上院で必要になる機会があれば借りることができるが、もう簡単には手に入らないのである。全巻揃えて、上院議員全員に読んでもらいたいくらいだ。

次の引用は、『*次の戦争におけるプロパガンダ*』からのものである。

> 時折、アメリカがどちらの側につくかという問題が天秤にかかり、最終的には、冒涜されたマシンを信用することになったのです。残るはユダヤ人。世界で 1,500 万人のうち、アメリカには 500 万人を下らないと言われてお

> り、ニューヨークの人口の 25%がユダヤ人である。第一次世界大戦中、私たちはパレスチナに国民基地を建設するという約束で、この巨大なユダヤ人の聴衆を獲得しました。ルーデンドルフによれば、これはプロパガンダの名手であり、アメリカのユダヤ人だけでなくドイツのユダヤ人にもアピールすることができたのです。

ジョージ・アームストロングは、その著書『*ロスチャイルド・マネー・トラスト*』*の中*で、このような事態が起こったことを説明している。

> 1916 年のウィルソン大統領の 2 回目の選挙以前は、戦争に参加させないようにしていたのは間違いないだろう。また、そのスローガンを掲げて当選したことに疑いはない。なぜ、選挙直後に考えを改めたのか。なぜ、連合軍を助けるためにイギリス政府と取引をしたのか。これは今のところ解明されていない謎です。

第 17 章

三者三様のメリーゴーランドが決定する パレスチナの運命

ラムゼイ・マクドナルドはバルフォア宣言を「三重の十字架」と呼んだが、国際連盟は 1923 年 9 月 23 日にイギリスの委任統治を認めて最初の過ちを犯し、それがいかなる定義においても公平な組織ではないことを早くから証明していた。委任統治委員会の前文にバルフォア宣言を引用することで、移民問題を扱い、それにどう対処するかをいくつかの条文で提案したが、その中でも第 22 条が最も拘束力を持つものだった。イギリスが自国に属さない土地を譲り受けたという問題には、どこにも触れていない。

> 国際連盟は、次のように宣言している。「人口がまだ自活していないところでは、これらの人々の幸福と発展は、文明における恐るべき信頼性を構成するという一般的見解にしたがって、彼らのために政府制度を確立しなければならない」。

しかし、第 23 条は、ウィルソンの「自決と独立」の保障を否定し、国際連盟が主権国家に干渉する架空の権利にすり替え、自らの憲章を汚すものであったのである。このように、、国際連盟がその発足当初から、主権国家と国家の内政に干渉することを意図していたことは、良識ある人々にとって明白にならざるを得ないのである。この不道徳と卑劣な政治工作は、国際連盟がその私生児である国際連合を誕生させ、1948 年にパレスチナをシオニストに譲渡したときにも、さらに恥知らずな形で続けられ、長く忘れられた親同盟の第 22 条で具体化されている「人民の不可侵権」に暴力を振るった。

アラビアのロレンスとメッカの保安官は、イギリスは必ず約束を守る、というロレンスの約束を信じてトルコ軍と戦ったアミール・フセインが、イギリスの約束を裏切ったことに愕然としていた。

和平会議には、フセイン保安官の息子であるアミール・ファイサルがアラブ人の代表として参加した。彼はローレンス大佐の下でアラブ軍を指揮し、イギリスがパレスチナに関するアラブ人との誓約と約束を守ることを文書で保証したマクマホン・フセイン条約に調印していた。

英語もフランス語も十分に理解できず、暗い陰謀や約束の裏切りにも慣れていないファイサルは、何が起こっているのか理解できず、ウィルソンに訴え、アメリカの委員会「キング＝クレーン委員会」をパレスチナに派遣して調査させる。

キング・クレーン委員会のメンバーが、ウィルソンに報告した内容は意外なものだった。パレスチナの人口の 90 パーセントが、パレスチナへのユダヤ人の移民に反対していた。委員会の報告書より引用

> このような決意のある人々を、無制限の移民と、自分たちの土地を明け渡すような絶え間ない経済的・社会的圧力にさらすことは、法律の形式には合っていても、今挙げた原則と人々の権利に対する明白な違反である 、善意をもってすれば、ユダヤ人が聖地の適切な管理者、あるいは聖地全体の管理者として、キリスト教徒とイスラム教徒の前に現れるかどうか疑問が残るのである。

シオニストたちは、この報告書を葬り去ろうとしたのだ。ウィルソンは周囲のシオニストに屈服し、自分の原則を妥協して、「自決」条項に代わって偽りの「委任統治制

度」を導入した。

国際連盟の監視のもと、パレスチナの偽りの「委任統治」がイギリスに与えられる。ウィルソンは、非ヨーロッパ系住民の「後進性」という信念から、彼らが委任統治制度を受け入れると確信していた。キング・クレーン委員会の報告書は脇に置かれ、帝国主義とシオニズムが委任統治という名目で勝利することになったのです。委員会の報告書は、単に消えてしまった。

*ロンドンタイムズやニューヨークタイムズ*にも掲載されず、下院や上院の議事録にも残らなかった。繰り返すが、単純に消えただけだ!しかし、「民族の譲れない自己決定権」にとって幸いなことに、この報告書は「Editor and Publisher」というマイナーな出版物に掲載されたのである。どのように、そしてなぜ「消えた」のか？読者は自分で結論を出すことができるが、それはむしろ当然のことである。

> ブランディス判事は、委任統治を行う英国の役人がユダヤ人を優遇していないと聞くと、伝記作家のデ・ハース博士を伴って直ちにパレスチナに向かった。聖地に到着した彼らは、その報告があまりにも事実であることに気づいた。デ・ハース博士は、英国総司令官と軍・文民の側近はバルフォア宣言を戦争の忘れられたエピソードとみなしていたと書いている。米国最高裁判事は、バルフォアを直撃した。

追記：アメリカの最高裁判事がパレスチナに行って、イギリスの役人、それも外務大臣を諭し、パレスチナ政権の叱責を要求したと主張しているのだ！？誰がこの非米国の役人、非米国政府の代表者にそのような権限を与えたのでしょうか？この傲慢な権力の誇示によって、ブランデイスは、パレスチナに対するシオニズム政策に反対するすべての人々を威圧したのである。

その数時間後、イギリス外務省は、エジプトとパレスチ

> ナの軍当局に対して、バルフォア宣言の言語的内容だけでなく、この問題が「判断の問題」、すなわち非常に時事的なものであることを念押しした。
>
> パレスチナ側からも望ましい交流が望まれ、熱心なシオニストであるマイネルツハーゲン大佐がパレスチナに派遣された。抗議活動も、政治的な運動もなかった。ブランデイスの直接行動外交は、成果を上げていた。(ブランディス判事の伝記作家、ヤコブ・デ・ハース博士）。

政府の公式な地位もなく、公的な立場もない人が、一体どうしてパレスチナやイギリスに行って、シオニストに従えと要求し始めるのでしょうか。自分の足跡をたどって、いくつかの糸をつないでみるべきかもしれません。

ブランデイスがバルフォアに会いに行った時、バルフォアはすぐにネイサン・ロスチャイルド卿に連絡を取り、バルフォアの言った措置に許可を出したらしいことは事実である。つまり、パレスチナにおけるシオニストの計画の進展とロスチャイルド卿の間には、明確なつながりがあり、それはバルフォア、そしてブランディスへとつながっていくのだと私は考えているのである。

* 1929 年、アラブの憤りは暴力に変わった。

* ヘロデ神殿の「嘆きの壁」の権利をめぐるユダヤ人とアラブ人の論争が、公然の紛争に発展する。

* キリスト教のアラブ人は、ユダヤ人に対するモハメッド人に加わります。

> イギリスの委員会は、この騒動の原因は、ユダヤ人が多数派になることへのアラブ人の恐怖の高まりと、侵略者による組織的な土地の買収にあると報告した。委員会は、移民と土地購入の制限を勧告した。シオニストの叫びをよそに、この勧告は受け入れられた。1938 年 11 月、イギリス政府は分割案の放棄を発表し、アラブ人とシオニストの間の合意を推進しようとした。アラブ人は、自分たちの国は自分たちから盗まれたものであり、交渉は泥

棒と財産の一部を返してもらうために交渉するようなものだ、という理解できる立場をとったのである。

アラブ人とユダヤ人が合意できないとき、イギリスは自分たちで解決策を見つけなければならないと発表した。1939 年 5 月 17 日の白書では、バルフォア宣言は英国のアラブ人に対する義務に反するとして、それまでの解釈を否定した。イギリスの政治家たちは、バルフォア宣言がアラブ人に対して不当なものであることに、手遅れになってから気がついたのだろう。1939 年のいわゆるマクドナルド白書は、1917 年の過ちを正そうという一見誠実な願いが込められていた。白書は、バルフォア政策を合理化するために、パレスチナにユダヤ人の祖国がすでに存在していたと主張したのである。白書は、英国の将来の位置づけを疑われないように、次のように述べた。

「陛下の政府は、パレスチナをユダヤ人の国にすることを政策としていないことを明確に宣言しています。パレスチナのアラブ系住民の意思に反してユダヤ人国家の臣民となることは、委任統治下のアラブ系住民に対する義務に反し、また過去にアラブ系住民に与えた保証に反すると考える。ユダヤ人の怒りはとどまるところを知らない。この問題に対するイギリスの新しい方針は、彼らが慎重に立てた計画の敗北を意味し、この論争を白書で終わらせるつもりは毛頭ない。彼らは、事実を完全に歪曲したプロパガンダ資料によって補完された、英国政府に対する罵詈雑言のキャンペーンを世界中に放ったのだ。最終的に、委任統治国であるイギリスがパレスチナにユダヤ人国家を樹立することを決して許さないという結論に達したユダヤ人は、イギリスに圧力をかけて白書を破棄させるか、委任統治国を国連に明け渡すかの暴力キャンペーンに乗り出しました。"

シオニストの組織するハガナは、正規軍を模して動員され、攻撃できるように待機している。イルグン・ズヴェイ・レイミとシュテルン団という 2 つのテロリスト集団が、イギリス委任統治当局とパレスチナの人々に対して放たれたのである。ポーランドとロシアのハザール人の同胞の伝統に従って、殺人、爆撃、略奪を行うテロリス

トたち（Olivia Maria O'Grady)

第 18 章

シオニストがパレスチナを占領

シオニストのパレスチナ侵略の歴史は、3 つの戦争、数え切れないほどのテロ行為と不安、パレスチナと中東を悩ませてきた平和の欠如、そしてすべての当事者の権利が認められ、すべての人に正義がもたらされるまで、今後もそうであろうということである。残念ながら、国際連盟の過ちは、同じようにろくでなしの創作物である国際連合によって永続させられている。

1919 年 7 月 8 日、ロスチャイルド家から受けたハウス大佐の命令を実行に移したウィルソン大統領は、帰国した。

もし、ウィルソンが征服的な英雄として受け入れられると思ったのなら、それは大きな間違いであった。ウィルソンが外国の有力者の支配下にあったことは、彼がパリに一人の議員も、また自民党の議員さえも連れて行かなかったことから推測できるだろう。

彼のアドバイザーは、ほとんどがユダヤ人のウォール街の銀行家と、同じくユダヤ人の国際社会主義者であった。今回のパリ訪問で最も不思議だったのは、彼とその側近が、多くの非政府の篤志家から 100 万ドル以上の宝飾品の贈り物を受け取ったことである。

米国上院で一国政府構想を発表したとき、大統領に降りかかった政治の嵐は、それまで経験したことのないものであった。パリでの議論を支配していたドイツに対する威圧的な「態度」に影響されてか、ウィルソンは、実質的な変更も議論もなく、提示された条約をそのまま上院で批准するよう要求したのである。

これは、アメリカの政策上、かつてない驚くべき展開であった。パリで行われた秘密の非公開会議（ドイツ代表団は 1 週間ホテルに滞在し、参加しなかった）だけを基にした、オール・オア・ナッシングの状態だった。ウィルソンの独裁的な態度に、アメリカのフェビアン協会のメンバーであるショットウェル教授が、多かれ少なかれ、上院に条約を急いで批准するように言ってくれたことも、ウィルソンの支えとなった。

ショットウェルは、米国の高級秘密政府である外交問題評議会（CFR）の幹部であった。1919 年に特別に制定された連邦準備法の報告者に任命されたロバート・オウエン上院議員は、今度は国際連盟条約に関する上院委員会の委員長に就任していた。

ウィルソンの条約を支持したのは、ユージン・デラノ、トーマス・J・ラモント、ジェイコブ・シフらであった。ラモントは以前からフェビアン協会の社会主義・共産主義シンパであり、シフは後に 1904-5 年の日露戦争とロシアのボルシェビキ革命の資金援助をした。いずれもロスチャイルド家とつながりがある、あるいは関係がある。

特にシフは、ウォール街の銀行家であり、その創始者であるロスチャイルド家の資金援助を受けて銀行家としてのキャリアをスタートさせた。

1920 年 3 月 19 日、ヴェルサイユ条約は上院に批准を申請されたが、当初から強い反対論が展開された。ウィルソンは、この条約を「そのまま」採択するよう要求したため、多くの上院議員が怒り、多くの修正案や留保を提案したが、ウィルソンは、ロスチャイルド家の代理人であるカーネル・ハウスの助言により、これを拒否することになった。11 月 19 日、上院は、ヴェルサイユ条約 を、米国憲法の主権に対する大きな危険とその権限を簒奪しようとするものと見なし、留保を付して否決した。投票は 49 対 35 で行われました。

今回ばかりは、ハウス大佐とロスチャイルド家が負け組になった。ウィルソンはその後、ドイツとの戦争の終結を宣言する議会の共同決議に拒否権を発動するという、とんでもないことをやってのけたのだ。第一次世界大戦が近づき、ウィルソンがアメリカを戦争に巻き込もうとすると、ウィルソンとその政権に対して、怒りの声が上がった。

実際、アメリカ国民の 87%が戦争に反対しているが、国際社会主義者とその国際銀行家たちには勝てない。シカゴ・トリビューン』紙は、アメリカの参入に断固として反対し、「ブランデイスは秘密電話でホワイトハウスを動かしている」と断じている。サイラス・D イートンはこう述べた。

> アメリカは世界大戦に参戦して自らを貶めたが、その後（1925 年）、キャプテン H.スペンサーは、その著書『*Democracy or Shylockcracy*』の中で、ウィルソン大統領の英国 MI6 のコントローラーであったウィリアム・ワイズメン卿が、"ブランデイスがロスチャイルドを呼んだ "という電報を引用している（[4]）。デンビッツ・ブランディス判事は、間違いなくロスチャイルド家の支配下にあった。アメリカ上院がヴェルサイユ条約を批准しなかった後も、反米主義の強い声が聞かれた。

例えば、ベルギーの元外務大臣ポール・ハイメンス氏はこう言っている。

---

[4] *民主主義、あるいはウスロクラシー。シャイロックとは、シェイクスピアの「ヴェニスの商人」に*登場するユダヤ人金貸しの名前である。

> "アメリカは条約の批准を拒否し、自国のためにヨーロッパに赴いた人物を非合法と見なしました。"(*ニューヨーク・イブニング・ポスト紙*1925 年 7 月 16 日)

ウィルソン大統領の性格を見る限り、これは何も目新しいことではない。ウィルソンは、ハウス大佐を通じてロスチャイルド家から強い圧力を受け、アメリカを第一次世界大戦に参戦させるために自分の知る限りの政治力を動員する一方で、アメリカ議会を通じて、フランスで戦うために州の民兵を送ることを定めた法律を強要し、著しく暴力的なアメリカ憲法違反をしていたのである。

なぜなら、ウィルソンは、自らの宣誓に背き、重大な過ちを犯していることを正確に知りながら、憲法に反してそれを行ったからである。

しかし、ウィルソンのアメリカ国民に対する恐ろしい犯罪の詳細を説明する前に、アラブ人とパレスチナ人に対する犯罪はさておき、ウィルソンのコントローラーであり分身であったマンデルハウス大佐について、これまで知られていなかった事実をいくつかあげておきたい。単にこの謎の不吉な男がアメリカの歴史に傍観者として大きな役割を果たし、加えてロスチャイルド家と親友であったという事実が理由である。

エドワード・マンデル・ハウスは、トーマス・ウィリアムとエリザベス（旧姓シアン）の息子である。1837 年に渡米したハウスは、テキサス州に居を構え、綿花産業に携わるとともに、ロスチャイルド家のために銀行業を営むようになった。

長男のハウスは、常にロスチャイルド家の信頼できる代理人として行動していた。コーネル大学で教育を受けたエドワードは、公職に就かずにテキサス州知事の顧問になり、その経歴はウィルソン政権でも再現された。

テキサス州は、この若いハウスを名誉大佐に任命し、彼はこの称号をその素晴らしい経歴の中でずっと使い続けました。テキサス州がなぜエドワード・ハウスを優遇したのか、その理由は不明です。

1900 年初頭、ロスチャイルド家はハウスをヨーロッパに派遣し、銀行家がいかに政治と政治家をコントロールしているかを学ばせた。帰国後、ハウス 、民主党政治の立役者となり、ウッドロウ・ウィルソンを民主党の大統領候補に選んだのも彼であった。

ウィルソンが選挙に勝ち、その後政策、特に外交政策を展開したのは、ハウスの功績が大きい。米国憲法では、国の通貨を管理する中央銀行の設立は禁止されているが、ロスチャイルド家が連邦準備制度銀行の設立を命じた仲介役をハウスが務めたと考える真の権威者もいる。

ハウスは、建国の父とその次の世代が 200 年近くかけて築いたものを数年で破壊する無法な連邦政府を生み出し、米国の姿を永遠に変える運命の 25 年間を主宰したと言ってよいだろう。

ウィルソンは、社会主義的な単一国際政府による新世界秩序の原動力であり指導者であるアメリカ合衆国という帝国の事実上の皇帝の地位を引き受けた最初のアメリカ大統領であった。

第 19 章

ロスチャイルド家、アメリカに中央銀行を設立

ロスチャイルド王朝の指導の下、ヨーロッパでは大きな変化が起きている。その中で最も重要なのは、おそらく:

* ナポレオン 1 世の台頭 er ヨーロッパの君主を転覆させるためにロスチャイルド家によって選ばれたエージェントとして。

* ロマノフ王朝の崩壊と、ボルシェビキ共産主義者の手によるキリスト教国ロシアの滅亡。

* アングロ・ボーアの大量虐殺戦争は、19 世紀末の非常に重要な戦争でありながら、一部で見過ごされている。

このような大きな変化は、ロスチャイルド家の指導の下、その莫大な資金を投入することなしには起こりえなかったし、起こらなかったと私は信じている。

ボルシェビキ以前のロシアの出来事に触れる前に、世界最大の金・ダイヤモンド鉱区を確保するためにロスチャイルドが南アフリカに介入し、1899 年から 1903 年のアングロ・ブール戦争に至った経緯について述べる。

1830 年代、ケープ州の農民（ボーア人）は、広大な無人の後背地に移り住み、「グレート・トレック」と呼ばれるようになった。彼らは、自分たちの生活に対するイギリスの干渉、特に奴隷の解放に憤慨していた。彼らは、

牛車で何千キロも移動し、しばしば険しい山を越えて、大きな苦難を乗り越え、後にオレンジ自由国やトランスバール共和国となる乾燥した土地に定住しました。

ダイヤモンドや金が大量に発見されると、ロスチャイルド家はこの乾燥した土地を欲しがり、セシル・ジョン・ローズという代理人を送り込み、彼らのために所有と支配を要求したのだ。1898 年、南アフリカのロスチャイルド代理人であったローズは、ロスチャイルド卿にダイヤモンド鉱山のフランス人権益の買収を依頼し、ロスチャイルドの完全支配への道が開かれた。

イギリス政府は、オレンジ自由州のグリカランド・ウェスト（ダイヤモンド発見地）と呼ばれる地域を「併合」し、3 年後にはトランスバールを併合したが、いずれの場合も領土に対する法的権利はなく、この戦術は 1917 年にパレスチナで再び用いられることになる（「バルフォア宣言」参照）。

セシル・ローズは、ボーア戦争の主唱者である。東西 200 マイルに及ぶ素晴らしい金鉱脈は、ロスチャイルド家にとって願ってもない戦利品であった。ボーア人は、ヴィクトリア女王が主張するオレンジ自由国やトランスバール共和国などのインチキな主張を認めないため、イギリスとの摩擦が常態化するようになった。

ポール・クルーガー大統領のボーア人政府を転覆させるために、スター・ジェイムソン率いる 600 人の武装集団が襲撃したのは、明らかな挑発行為であった。

これは、金・ダイヤモンド鉱区の奪取という英国政府の所期の目的を達成するためのローデスの策謀が失敗し、1899 年に勃発したアングロ・ブール戦争の前哨戦であった。

ボーア人は、オランダ系、アイルランド系、スコットランド系、イギリス系、ドイツ系の血を引いていた。オランダ、そして後にイギリスが、極東とヨーロッパを結ぶ貿易船の燃料、食料、真水の補給基地として設立した「ケープ」と呼ばれるアフリカ大陸最南端に移住してきたのだ。後にケープタウンと呼ばれるようになるこの地では、オランダの統治下で独立したコミュニティが繁栄していた。

当時、アフリカのザンベジ川以南、ケープと北のザンベジ川の間の広大な空白の後背地には黒人（バントゥス人）は存在しない。岬の海岸には、モンゴル系の非バンツー系の遊牧民「ホッテントット」がわずかに住み、ビーチコーミングや廃品回収で危うい生活を送っていた。彼らはすぐにオランダ東インド会社の菜園で働くようになった。しかし、イギリスはケープ植民地に侵攻し、ロンドンにあるアヘン商社、BEIC（British East India Corporation）のもとで独自の行政を展開した。

この不運な始まりから、オランダ人が溶け込み、繁栄と活気に満ちた地域社会が生まれたのである。イギリスの侵攻後、ロンドンのBEICは、オランダ社会の内政に本格的に干渉し始めた。

ボーア人（農民）と呼ばれたオランダ人は、その後ケープを離れる計画を立て始め、北部の広大な無人の平原を「トレッキング（旅）」していった。この長旅の末に到着したボーア人は、無人の土地に住み着き、オレンジ自由国共和国、トランスバール共和国と名づけた。ボーア人が通った数千平方キロメートルの土地には、ザンベジ以北に住んでいたバンツー族がいなかったことを指摘したい。一般的な歴史とは異なり、ボーア人はトランスバールとオレンジ自由州をバンツー族から奪ったわけではない。

史上最も豊かな金鉱脈の発見により、ロードス島はその姿を現し、それ以来、女王 ヴィクトリアは、新しい共和国に対して根拠のない権利を主張し始めたのである。ヴィクトリアが信奉者ポール・クルーガーの和平提案を拒否したため、戦争は避けられなくなった。

1899 年、ヴィクトリア女王は戦争を決意し、英国政府は最初の部隊を派遣した。1901 年までに 40 万人という途方もない数の部隊が、14 歳の若者から 75 歳の老人まで、一度に 8 万人以上戦場にいることがないゲリラ部隊を打ち負かすために派遣された。

ボーア人の壮絶な闘いは、大きな専制政治に脅かされるすべての国の模範となるべきものです。約 3 年間、農民兵はイギリス軍の誇りとともに戦い、打ち勝った。

ボーア人が戦闘終結に同意したのは、キッチナー卿とロスチャイルド家の使用人だったアルフレッド・ミルナーによって設置された非人道的な強制収容所で 2 万 7 千人の女性や子供が死亡した後である。ミルナー卿の大量虐殺政策によって、家畜が殺され、農場が焼かれ、女性や子供が何千人も死ぬのを見たボーアの戦士たちは、野原から戻り、武器を置くことを余儀なくされたのである。

ローデスは、この闘争の間中、主人であるロスチャイルド家に絶えず情報を提供し、その指示を忠実に実行した。現在も N.M.ロスチャイルドはロンドンから金取引を支配している。大英帝国が政治的、経済的、軍事的に世界最強であった時代に、ボーア人は帝国に対抗することを恐れず、勝てないとわかっていながら、驚くべき勇気と決断力と勇気をもって戦い抜きました。

大英帝国はペルシャ、アッシリア、バビロニア、ローマ帝国のように、「支配地」の財産の剥奪と、そのための住民の事実上の奴隷制の利用という二つの柱の上に築かれたものだった。

イングランドの「貴族」は、ベネチアやジェノバの黒人貴族や、それらの都市国家の大銀行家にまで遡ることができるのである。彼らはプロパガンダの達人であり、ボーア戦争や第一次、第二次世界大戦で最も効果的な武器となった、その手腕を失うことはなかったのだ。政府の背後には、ロスチャイルド銀行を筆頭とする銀行一族が控えていた。歴史家の中には、彼らが南アフリカから受け取った財産が「ロスチャイルド家を豊かにした」という考えを持ち続ける人もいる。

この主張には、私は同意しかねます。ロスチャイルド家は、その代理人であり、欺瞞と策略の達人、キリスト教を憎むセシル・ジョン・ローズによって、南アフリカの金とダイヤモンドの宝庫をロスチャイルドの独占物にするずっと前から、想像を絶する金持ちであった。私がロンドンの大英博物館で調査した文献や資料から、マイヤー・アムシェルの死の直前、彼の財産が世界の富豪の合計財産を上回ったことが明らかになった。

ロスチャイルドの財産の全容は明らかにされていないが、わかっているのは、それが天文学的なスピードで膨れ上がってきたということだ。

アムシェル氏は金の力を知っていた。そして、彼の秘密主義の哲学を取り入れた年配のジョン・D・ロックフェラーのように、メイヤー氏も秘密主義が成功に最も重要であることを理解していたのだ。ユダヤ人は神に選ばれた民である」という宗教的信念は揺らぐことなく、公私を問わず、あらゆる場面でその信念を示した。ロスチャイルド家の財産を知るために、次のようなものを提供する。

> 息子のライオネルは、プリンス・コンソートとディズレーリの友人であり相談役であり、『コニングスビー』のシドニアは、彼を理想化した（そして薄く偽装した）肖像である...。
>
> 彼は、ユダヤ人がイギリスで職を得ることを可能にする「障害者法案」を押し通した。彼は アイルランド飢饉の融資（約 4000 万ドル）、またクリミア戦争（約 8000 万ドル）のためにイギリス政府の資金を融通し、24 年間ロ

> シア政府の代理人として活動した。
>
> アメリカの国債の調達に成功し、スエズ運河の株式を直ちに購入する資金を提供した。また、フランスのドイツに対する補償金の支払いを円滑にし、オーストリア帝国の財政を指揮し、エジプトに850万ポンド（約4000万ドル）の融資を行うなど、積極的に活動した。*(ユダヤ百科事典』*第10巻、501～502ページ）。

ジェイコブ（ジェームズ）・ロスチャイルドの財産は、ライオネルや他の家族のものとは無関係で、歴史家の間では、彼の死後、2000 億ドルの価値があると推定されている、と著者のアームストロングは書いている。

> "しかし、これはあくまで推定であり、彼の遺産の目録は提出されていない"

もちろん、これはアムシェルの信条である「秘密を守る」ということに則ってのことだ。そして何より、ロスチャイルドは常に戦争の資金調達に関わっていた。

ハイム・ソロモン（ハイムとも）は、アメリカ独立の資金調達に貢献した。南北戦争中、セリグマン・ブラザーズとシュパイヤー・アンド・カンパニーは北部に、メッセンジャー・アーランガーは南部に資金を提供した。さらに最近では、鉄道金融の大発展の中で、クーン、ローブ、カンパニーが主導的な役割を果たした。

それほど多くの言葉を使ってはいないが、ロスチャイルドがフロントマンや銀行を通じて、北と南に資金を供給していたことは、当時の銀行を知る者にとっては明らかであろう。ロスチャイルド家の財産についてはいろいろな推計があるが、おそらくもっとよく知っている人、チェレップ・スピリドビッチ伯爵 は、第一次世界大戦だけで1千億ドルを稼いだと見積もっている。

歴史家のジョン・リーブス氏は、『*ロスチャイルド家の金融支配者たち』の中*で、ロスチャイルド家の功績をよく紹介している。

> メイヤーは、自分の息子たちが、後年、国家の平和が彼らの頷きに依存するような無限の影響力を行使するようになること、ヨーロッパの金融市場を強力に支配することによって、平和と戦争の裁定者としての地位を確立し、彼らの裁量で、軍事作戦を行うのに必要な金銭的手段を提供したり差し止めたりできることを予見することはできなかっただろう。
>
> しかし、信じられないかもしれないが、これが彼らの巨大な影響力と莫大な富と無限の信用が可能にしたことであり、いつまでも彼らに対抗できるほど強い企業も、ロスチャイルド家が拒否した取引を引き受けるほど無鉄砲な企業も存在しなかったのである。

簡単に説明すると、ロスチャイルド家は、特定の国や企業に対して、想像上であれ現実であれ、何らかの悪事を働いた場合に、それを罰するためだけの申し出を、いかに健全であれ、拒否することがあるのである。もし、ロスチャイルド家が拒否したものを他の銀行家が受け入れたとしたら、その処罰は迅速だっただろう。

第 20 章

ロスチャイルドに雇われた腐敗した議員によって踏みにじられた合衆国憲法

という疑問をよく抱くようになりました。

"中央銀行を禁止する最高法規である憲法を持つ米国が、なぜ憲法を完全に無視して、そのような機関を持つに至ったのか。"

この質問に答えるには、何千ページもの説明が必要だが、以下の簡単な議論で、連邦準備銀行がどのようにアメリカ国民に課されたのか、そのヒントを与えようと思う。

まず、連邦準備銀行は、匿名の株主によって所有されており、米国政府によって所有されていないため、「連邦」ではない。つまり、連邦政府機関を装った民間銀行である。

そのため、州立銀行であれば法律で義務づけられている政府監査人の監査を受けたことがないことからもわかるように、アメリカ国民に対して説明責任を負っていない。かつて下院銀行委員会の議長であった偉大なルイス・T・マクファーデンは、下院の議場でこう言ったことがある。

"...連邦準備銀行制度は、歴史上最大の詐欺であり、アメリカ国民に対する詐欺である。"

1932 年 6 月 10 日（金）、連邦準備銀行に関する下院の討論会で、勇気あるマクファーデンはこう言った。

「大統領、この国には世界で最も腐敗した組織のひとつがあるのです。連邦準備制度理事会と連邦準備銀行を指しているのです。政府の委員会である連邦準備制度理事会は、アメリカ合衆国政府と国民から、国の借金を支払うのに十分なお金を騙し取ってきたのです。連邦準備制度理事会と連邦準備銀行が一緒になって行う貪欲さと不公正さは、この国に国家債務を何倍にもして支払うに十分な金額を負担させた。

この邪悪な制度は、アメリカ国民を貧しくし、破滅させ、それ自体も破滅させ、事実上、我々の政府を破滅させた。それは、連邦準備制度が運用されている法律に欠陥があるため、連邦準備制度理事会がその法律をうまく運用できないため、そして連邦準備制度を支配するハゲタカどもの腐敗した行為のためであった。連邦準備銀行はアメリカ政府の機関であると考える人がいる。彼らは政府の機関ではありません。彼らは私的な信用独占企業であり、自分たちと外国の顧客の利益のためにアメリカ国民を食い物にしている。国内外の投機家、詐欺師、そして捕食的で裕福な金貸しである。この金融海賊の暗黒の一味には、1 ドルを得るために人の喉をかき切る者がいる....。

12 の民間の信用独占は、ヨーロッパから来た銀行家たちが、アメリカの制度を弱体化させることで我々のもてなしに感謝し、この国に欺瞞的かつ不公平に押し付けたものである。この銀行家たちは、ロシアとの戦争の資金を調達するために、この国からお金を持ち出しました。彼らは我々の資金で、ロシアに恐怖の支配を作り出した。トロツキーのニューヨークでの不満と反抗の大規模な会合に資金を提供した。トロツキーがロシア帝国を崩壊させるために、ニューヨークからロシアへの渡航費を負担したのである。彼らは、ロシア革命を煽り、トロツキーにスウェーデンの銀行の一つにある多額の米ドル資金を提供した。ウィルソン大統領は、こうした銀行家たちの関心と、彼らがとった慈善的な姿勢に惑わされたと言われている。ハウス大佐に騙されたことを知った彼は、あの金融帝国の "聖僧 "であるヒマ人を目の敵にして、門前払いを食らわせたと言われている。その気品は、大きな評価に値すると私は思います。

1912 年、故ネルソン・アルドリッチ上院議員の主宰する全米通貨協会が、「全米準備協会法案」という悪質な法案を報告し、提出された。この法案は、一般にオルドリッチ法案と呼ばれている。

彼は、この国に中央銀行を創設しようと 20 年近くも前から画策し、1912 年までにその目的を達成するために巨額の資金を費やし、今もなお使い続けているヨーロッパの銀行家たちの道具であり、共犯者ではない。

大佐の背後にいるウォール街の不吉な人物たちの指導の下で、「王様の銀行」という虫食い状の君主制度が、この自由な国に設立され、我々を上から下まで支配し、揺りかごから墓場まで鎖でつなぐようになったのです。連邦準備法は、私たちの古くからの独特なビジネスのやり方を破壊してしまった...。

憲法制定者が救おうとした専制政治を、この国に押し付けているのである。

国が警告した危険が到来し、連邦準備制度理事会と連邦準備銀行の裏切りや不正に伴う長い一連の恐怖に現れている...アルドリッチ法案は、ニューヨークのヨーロッパ出身の銀行家たちによってつくられたものである。ライヒスバンクをはじめとするヨーロッパの中央銀行をコピーし、概ね翻訳したものである。"(特にイングランド銀行)

(ルイ・T・マクファーデン議員の演説（下院公文書館）より抜粋

1933 年 6 月 15 日（木）、マクファーデンは、アメリカ合衆国憲法に明らかに違反する中央銀行のアメリカへの押し付けに対して、再び打席に立った。下院で演説したマクファーデン氏は、外国の銀行家がアメリカ国民の金と信用を奪っていることを訴え、ロスチャイルド家のエージェントであると主張するジェイコブ・シフ氏に焦点を当てた。

> 彼はまた、メイヤー氏を攻撃しました。彼は、ロスチャイルド家の利益を代表する J.P.モルガン・アンド・カンパニーのメンバー、ジョージ・ブルメンタール氏の義兄です。メイヤー氏を連邦準備制度のトップに据えることは、この国際金融グループに完全に引き渡そうとしていることを、私は完全に明言したいと思います。

米国は、どのようにして連邦準備銀行制度の束縛を強いられたのか。その答えは実にシンプルです。

これは、ロスチャイルド家の財力と、豊かで安楽な生活と引き換えに魂を売る用意のある米国上下院の裏切り者たちによって達成されたものである。このような人物はどこの国にもいるもので、その裏切りを防ぐすべはない。彼らの卑劣な行為は、今もなお苦い実を結んでいる。ロスチャイルド家がアメリカの通貨と信用を支配するための政治家を支配するために、オーガスト・ベルモントがアメリカに入国したという真実を明らかにしたために、マクファーデンは殺されたのである。

3 回の暗殺未遂があり、1 回は銃殺で失敗、2 回は毒殺で、最後はこの偉大で勇敢なアメリカ人の命が奪われた。犯人はまだ見つかっておらず、正義の裁きを受けなければならない。

こうして、偉大なアメリカのキリスト教愛国者は沈黙し、言いようのない犯罪行為が行われ、アメリカ国民に金融奴隷が課せられたのである。米国上下両院で選出された国民の代表が、憲法に対する国際社会主義の攻撃を先導する国際銀行家の弊害から米国を守り抜くという宣誓を守る限り、自由の祝福は米国国民の祝福となるのである。

しかし、我々の代表が国際銀行家の金融権力に屈し、ロスチャイルド家の金融権力の祭壇で売春をするとき、我々国民は自由と憲法が保証する権利を失う時が来たのである。

連邦準備法は、憲法に対する鉄槌の一撃であり、かつては自由だったアメリカ国民の棺桶にもう一つ釘を打つものだった。連邦準備法は、憲法を完全に破壊することに終始する道のりの進行であった。ロスチャイルドの手先の一人であるブライス卿は、アメリカ国民に憲法で保証された共和制の政府形態を破壊するには、50 年はかかるだろうと言った。。ブライス卿はこう予言した.

> 憲法の保護がもたらす安心感は、朝霧のように消えていくだろう。

このブライス卿は、ベルギーにおけるドイツの残虐行為について、虚偽の証言によってあからさまな嘘を公表し、米国を第一次世界大戦に引きずり込むことになった人物である。

ヨーロッパの主要銀行を支配下に置き、ヨーロッパ大陸とイギリスのすべての政府に対する第一の貸し手となったロスチャイルド家は、次にイングランド銀行を支配下に置いた。この事実を隠すために、銀行の株主の名前は決して公表してはいけないと決められていた。

> この力によって、まず大英帝国に、次いで他の国々にも金本位制を確立することができたのである。彼らは、故ロスチャイルド卿が代理人兼金総裁を務めていたイングランド銀行の支配権を獲得したのである。
>
> イングランド銀行は、彼らの多くの隠れ蓑の一つである。他のほとんどの発行体の中央銀行の株式の過半数を保有していることは間違いない。ロスチャイルドの指導層が当初から掲げてきた秘密主義を厳守し、イングランド銀行は株主を明らかにすることを拒んでいる。
>
> 彼ら（ロスチャイルド家）は、第一次世界大戦の直前に、その代理人の一人であるポール・ウォーバーグを代表としてアメリカに送り、我々の銀行制度を変えさせようとしたのだ。
>
> J. P. Morgan and Co.と Kuhn, Loeb and Co.の民間銀行を所有・管理することを通じて、彼らはニューヨークの主要

> な国立銀行と信託会社を所有・管理し 、それらを通じてニューヨークの連邦制度を管理した。信用の拡大と縮小を自由にコントロールするには、貨幣流通量を自由に増減できる最高権威が存在することが不可欠である。

ロスチャイルド政権以前は、この権力は世界の王や皇帝に属しており、彼らが最高権力者であったからである。わが国（米国）では、憲法がこの権限を（単独で）米国議会に与えている...ロスチャイルドの影響下で、世界の銀行システムはすべて根本的に変わってしまったのである。貨幣発行と信用供与の最高権力は、各国政府からそれぞれの国の銀行家に移譲された。イングランド銀行は、世界の他の中央銀行のモデルとなった。連邦準備制度が設立された当時、わが国の政府は、貨幣の発行と流通量を管理する主権的権利を行使すると主張する唯一の重要な政府であった。連邦準備制度の設立は、憲法で保証された、アメリカ国民が議会の代表者を通じて証券を規制する主権を、銀行業界に完全に明け渡すことを意味する。

1907 年のパニックは、他のパニックと同様、操作されたパニックであった。ニューヨーク準備銀行が、田舎の銀行の預金者に通貨を支払うことを拒否したため、その銀行が預金者に通貨で支払うことを拒否せざるを得なくなったことが原因であった。その原因は、主に 、通貨流通量の不足と供給量の増加方法が不適切であったことにある。

銀行と金融システムの改革（パニックを引き起こすような操作をこれ以上防ぐため）運動のさなか、ドイツ系ユダヤ人のポール・ウォーバーグは、ロスチャイルド家の本拠地フランクフルト・アム・マインからアメリカに渡ってきた。ここに来て、当時はロスチャイルド家のアメリカ支部であるニューヨークのクーン、ローブ・アンド・カンパニーの一員であった。

1918 年 12 月の彼に関する海軍情報部の報告書です。

"ウォーバーグ、ポール、ニューヨーク、ドイツ人、1911年にアメリカに帰化、カイザーから勲章を受ける、アメリカ連邦準備制度の副総裁を務め、裕福で影響力のある銀行家である、レーニンやトロツキーにドイツから提供された大金を扱った、対象者にはドイツのスパイシステムのトップである兄弟がいる。"

連邦準備制度はロスチャイルドの産物であり、その採用は、彼らが目的を達成するためにいつも使うのと同じ、地下の欺瞞的な手段によって達成されたのである。ポール・ウォーバーグがアメリカに渡って銀行・金融システムの改革を行ったことは明らかであり、彼とロスチャイルド家がその後、3 年後まで起こらなかったものの世界大戦［第一次世界大戦 1914-1918］を予測していたことは明らかである。

これは、アメリカ国民に降りかかった史上最大の災難の汚れた物語である。そして、ジェロボーム・ロスチャイルドとその後継者たちに、私たちの福祉と幸福を完全に支配することを委ねたのである。それ以前は、彼の銀行であるモルガン・アンド・カンパニー、クーン、ローブ・アンド・カンパニーとその子会社が大きな影響力を行使していたが、今では彼の権限は最高で無制限である。この降伏は、世界のすべての人民の経済に対する支配を完璧なものにした。

(エマニュエル・ジョセフソン、*ロスチャイルド・マネー・トラスト*、36、40、41、132 134、1600 ページ）。

第 21 章

ロスチャイルドが米国憲法を妨害する

ロスチャイルド家によるアメリカの信用と通貨供給の大胆な転用は、中央銀行の設立を禁じた合衆国憲法の厳格な規定にもかかわらず、実現されたことに驚かされる。

イエス・キリストが磔にされた時の言葉を思い出す。"父よ、彼らをお赦しください。" 彼らは自分たちのすることを知らないのです。この赦しの祈りは、ローマ兵のためであり、処刑を要求したサンヘドリンに対してではない。

これは、米国議会の議員たちが、何が起こっているのかを知らず、自分たちがさらされている巨大な詐欺を理解せず、最悪の場合、自分たちが守ると誓った憲法を無視したことについて言っているのだ。

> "父よ、彼らをお赦しください。彼らは自分のしたことを知らないのです。"

しかし、反逆者、欺瞞者、嘘つき、そして自分たちが何をしているかを知っていた裏切り者にとっては、憲法起草者が提案したように、反逆罪による絞首刑はあまりにも慈悲深い運命であったと言うことができるだろう。

当時の学者の中には、なぜ連邦準備法がこの時期に導入されたのか、という疑問を持つ人もいた。

理由は 2 つ思い当たります。ホワイトハウスにおとなしい社会主義者の大統領がいる中、連邦準備制度の設計者たちは、、戦争が差し迫っていることを理解していた。

そのため、敵対行為が始まる前に中央銀行を稼働させることが必要不可欠だった。

その後の歴史は、連邦準備法が、来るべき戦争が起こるのに合わせて成立したことを示している。米国が提供した巨額の資金がなければ、第一次世界大戦は起こらなかったと考えるのが自然である。

2つ目の理由は、もちろん最も分かりやすいものです。アメリカの銀行と財政を完全にコントロールすること。

違法かつ違憲の連邦準備法の可決によって、ロスチャイルド家はウィルソンの裏切りによって、米国を第一次世界大戦に引きずり込むことができた。この戦争によって、何百万人ものキリスト教徒の若者が死に、ヨーロッパとアメリカの国々は花となり、米国は何十億ドルという損害を被った。

裏切り者は罰せられることなく、アメリカは今日でも、あの恐ろしい戦争とそれに続く戦争の影響、そしてロスチャイルド家が「自由」であるはずのアメリカを支配し、そこから法外な利益を上げ続けていることに苦しんでいる。

アメリカ人の真の自由は、ロスチャイルド家が連邦準備銀行を設立して、アメリカのお金、信用、経済を支配した日に、すべて終わったのです。アメリカ共和国の中枢に銀行システムを確立したロスチャイルド家の力を考えるとき、次の一節が思い出される。シーザーはどんな肉を食べて、あんなに偉くなったのか？

ウィルソンとルーズベルトが、ウッドロウ・ウィルソン大統領の裏切りという衝撃的な例を目の前にしながら、アメリカ国民に自分たちの意志を押し通すことができたのは、この「肉」の物語であり、おそらくその謎に光を当てるものである。

この権力の源泉はただ一つ、アメリカのロスチャイルドのエージェントが、アメリカの第二次世界大戦への参戦を積極的に望み、求めていたことである。リデル・ハート大尉が書いた『*次の戦争のプロパガンダ*』という本は、アメリカ国民の大多数が全く反対していたヨーロッパでの戦争に、二度目にして引きずり込まれたことに多くの光を当てているが、残念ながらこの本は手に入らないようである。著者のアームストロング氏はこう語る。

> イギリス政府の半公式本らしい。これらのコピーの破棄は、おそらく陸軍長官であるユダヤ人のホアベリシャが命じたのだろう……。
>
> ユダヤ人の祖国建設は、世界大戦でもドイツとの講和条約でも争点にならなかった。
>
> アラブ人は同盟国であり、連合国軍の兵士と肩を並べて戦ったのです。ロイド・ジョージ、ウッドロウ・ウィルソン、ジョルジュ・クレマンソーという「老害」の命令で冷徹に行われた無防備な強盗だった。 *ロスチャイルド・マネー・トラストの*65 ページ、79 ページ）。
>
> さらに悪いことに、この「ユダヤ人の祖国」の建設は、アラブ政府と国民に対する冷徹な裏切り行為であった。アラブ人は、いわゆるバルフォア宣言が取り消され、アラブ人が自国を平和的に所有・占有することに干渉されないという約束によって、連合国側に参戦するよう誘導されたと主張している。
>
> このことはイギリス政府も否定していないが、言い訳としては、ウッドロウ・ウィルソンがユダヤ人にこの国民的故郷を得るよう主張し、、ロイド・ジョージが政治的な駆け引きとして、また自分の望む他のものを平和条約で得るために、このことに同意したということである。パレスチナは、今や正しく「二度の約束の地」と呼ばれている。ドイツもロシアの合意の見返りとして約束したのだろう。 *ロスチャイルド・マネー・トラスト*』70 ページ）。

第一次世界大戦とそれに続く講和条約の副作用として、

古代より世界の通貨制度で重要な役割を担ってきた銀が廃止されたことは、あまり知られていない。銀は貴金属であるが、ロスチャイルド家では金と同じ価値を持つとは考えられていない。しかし、銀はインフレに対する良い防御策であった。

お金も、金貨も、スクリプト・証書も、膨らませることはできない。ロスチャイルドは、このような考えから、世界の通貨制度から、貨幣を非貨幣化し、本質的な価値を持つ本物の貨幣を排除することに腐心したのだろう。本書でイングランド銀行の歴史を語ることはしないが、時折、言及することにする。

イングランド銀行は、米国の不正な連邦準備銀行を含むすべての「分数準備銀行」のモデルであったし、現在もそうである。当初の憲章は 1844 年までに 8 回改正されたが、その後の改正、特にロスチャイルド銀行に大きく有利な急進的な変更を加えたピール改正に、ロスチャイルド家が大きく関与していたことは間違いないだろう。

ピール修正案は 1844 年に可決され、その即効性は、それまで太古の昔からすべての国、いやすべての国家で通貨として流通していた貨幣を、真の通貨として悪魔化することであった。

このことは、ロスチャイルドが南北戦争の借金を銀で支払うことを拒否し、アメリカ政府に金のみで支払うよう要求したことからも明らかである。ピール憲法修正案がそのようなことを規定し、特にその後の土台作りのために可決されたことは間違いない。また、この改正により、1899 年から 1902 年にかけて南アフリカのボーア人から盗まれた金塊をイギリスが独占することになった。

ちなみに、ユダヤ人が英国の長い歴史の中で初めて公職に立候補できるようにした「反ユダヤ主義法案」を下院に通したのはピールであった。しかし、強い反対勢力との戦いの中で、ピールは乗馬中に落馬し、その傷がもとで死亡してしまった。彼は馬術の名手であったから、この事故はいっそう奇妙に思える。このため、法案の主役はディズレーリになった。1847 年 12 月 7 日、ディズレーリが党首として下院で行った最初の演説は、アイルランド人ダニエル・オコンネルを中心とする反対派によってかき消された。

反ユダヤ主義法の立案者は、ロスチャイルド家と婚姻関係にあったモーゼス・モンテフィオーレ卿で、ロンドン市の 2 人の保安官のうちの 1 人であった。ユダヤ人でありながら、貴族院がロンドン市を管轄していないため、モンテフィオーレはこの高官になることができたのである。

モンテフィオーレは、討論を聴く許可をもらうために議会にやってきたのだ。

直接ではなく、すべての信仰に対する規制を撤廃する法案という名目で提出されたが、ロスチャイルド家はこのようなアプローチを「横風」と呼んで常々行ってきた。

これは、ユダヤ人は判事、教師、議会に入ることができず、キリスト教の宣誓を拒否すれば投票もできず、法律もできないという長年の慣習を終わらせるものであった。

リオネル・ド・ロートシルトは、キリスト教の宣誓を拒否していたため、貴族院に当選したものの、その席に着くことはできなかった。

保守党が呼んだ「ユダヤ人法案」は、ダービー卿、ベンティック卿、ロバート・イングリス卿などの議員が 11 年間反対しても消えなかった。彼は、なぜユダヤ人を議会から排除しなければならないのかと問われ、次のように答えている。

> "ユダヤ人はよそ者であり 市民になる資格はない" "我々の道徳律である福音に 従う以外には" "ないのだ"

貴族院のトーリは、ジョージ・ベンティンク卿が呼んだ「ユダヤ法案」に断固反対し、11 年間法案が出るたびに説明した。ロスチャイルド家の粘り強さ、欲しいものがあれば、手に入れるまで粘り強く持ち続けたことを認識する必要があります。ベンジンク卿が説明したように

> 私は、ユダヤ人の問題を、個人の大きな財産や離婚の話と同じように、個人的な問題としてとらえています。ディズレーリはもちろん、第一にユダヤ人に有利な世襲の前段階として、第二に彼とロスチャイルド家は偉大な同盟者であるから、温かく支援するだろう。(ハンカード報告書より)

その後、ベンティンクは心臓発作で死んでいるのが発見されたが、46 歳の若さだった。ピールの死と同様に、ベンティンクの死も多くの疑問を残したが、その中でも最も重要な疑問はこれまで取り上げられることがなかった。

1849 年 2 月 20 日、ディズレーリの指揮のもと、ユダヤ人障害者排除法が再び下院で第三読会にかけられた。ギャラリーには、リオネル・ロスチャイルドの代理としてルイーズ・ド・ロスチャイルドが座り、討論を見守った。272 対 206 で可決されたが、貴族院で否決された。

翌年の 1850 年 7 月 29 日、リオネル・ド・ロートシルトは再び自分の席に座ろうとしたが、書記官がそれを拒否し、激しい論争を特徴とする新たな熱狂的な活動が始まった。

*タイムズ』*紙は、この措置を議会の「年中行事」と呼んだ。1849 年、1851 年、1853 年、1856 年、1857 年に却下された後、ディズレーリは 1858 年に宣誓文の表現を変えて新しいアプローチを試みたが、貴族たちは再びこれを拒否した。

ディズレーリは、新宣誓の復活の根拠を検討する委員会を設置し、リオネル・ド・ロートシルトを委員に任命して報復を行った。結局、ダービー卿の反対を押し切って、

わずかな賛成多数で妥協案が成立した。リオネル・ド・ロートシルトの豪邸では、「11 年間、家の中のいたるところで叫び続けてきたことがやっと終わった」と大喜びであった。

1858 年 7 月 26 日、ロスチャイルドはディズレーリと握手を交わし、キリスト教によらない新しい宣誓を行った。これは、彼が幼い頃に先見の明を持ってキリスト教に改宗させた弟子への感謝の気持ちを公に示すもので、おそらく彼が果たした計り知れない功績を見越していたのだろう。

第22章

ロスチャイルド家が貴族院を壊す

水門が開かれたのだ。ロスチャイルド卿がその座につき、デビッド・サロモンズ、フランシス・ゴールドスミス卿、ナサニエル・ド・ロートシルト、フレデリック・ゴールドスミド、ジュリアン・ゴールドスミドと次々に続いた。

興味深いのは、この中にディズレーリ自身の政党である保守連合派の「トーリー党」の代表者がいないことである。しかし、主戦派のダービー伯爵は、今や自民党の支持を失いつつあり、反対意見を文書で出した。

> ユダヤ教を信仰する陛下の臣民に対して不忠実や不服従を示すことなく、貴族たちは、各議会がその名において毎日その評議会に神の祝福を祈る救世主を否定し拒絶することは、キリスト教信仰を公言する共同体の立法に参加する道徳的不適格者と見なされる、と考えます。(ハンサードレポート)

ユダヤ人制限撤廃法の最も顕著な成果は、ロスチャイルド家をはじめとする有力ユダヤ人の貴族院への出入りを認めることと、嫌われていたキリスト教の宣誓を廃止したことである。もう一つの変化、イングランド銀行のピール修正案では、普通の人々は、いつものように、、自分たちがどのように騙され、何を失うことになるのか、全く知りませんでした。被害者たちが目を見開きながら、しかし、何が見えているのか理解できないまま歩き回っている間に、ロスチャイルド家は世界の通貨システムを強固に支配していたのだ。

もちろん、このごまかしは現在でも行われており、アメリカの硬貨は銀がまったく入っていないのに、銀に見せかけて作られている。アメリカの通貨をプラスチック製にするのも簡単だが、それでは、今更ながら多くの人がその欺瞞に気づくかもしれないからだ。*ブリタニカ百科事典*』でさえ、ピール修正条項の欺瞞を隠そうとした。

> わが国の通貨に内在する欠陥を解消しようとする場合、慎重を期し、既存の利益をできる限り尊重し、国民の恐怖や疑念をかき立てるような手段をとらないことが肝要であった。は、非常に重要で有益な変化をもたらすと同時に、ほとんど反対を喚起しないように巧みに考案されています...。(*ブリタニカ百科事典* Vol.III 323 ページ)。

例：「不具合」とは何を指していたのか?

最大の「欠点」は、これまでは戦争をするにも資金が足りず、追加増税で資金を捻出しなければならなかったことだ。そのため、眠っている大勢の人々も、いつかは激怒し、重税に反旗を翻すことになるのだ。

もう一つの「欠陥」は、紙幣は地金で裏付けされなければならないということで、望ましいのは旧バビロニアの分数準備銀行制度の完全実施であった。これは、分かりやすく言えば、銀行は銀や金などの実物資産で裏付けられていない紙幣を一定量発行することができるということであった。このような変化と、ピール修正条項やアメリカでの連邦準備銀行の設立に伴う紙幣の氾濫がなければ、第一次、第二次世界大戦の資金調達と推進は不可能であっただろう。このような高価な戦争に必要な資金がなく、国民もそのような不運な戦争のために余分な税金を払おうとは思わなかっただろう。

実際、湾岸戦争も 2002 年のイラク侵攻もセルビア爆撃もアフガニスタン戦争も、価値のない紙幣、いわゆる米ドルが潤沢に供給されていなければ、なかったはずだ。世界中でそのように受け入れられているが、実際には民間銀行システムが発行した紙切れであり、金や銀と交換することはできない。

ブリタニカ百科事典の言葉を借りれば、なぜ「慎重に進める」必要があったのだろうか。正直なニーズであれば、なぜ慎重に進める必要があったのでしょうか。しかし、この百科事典は、"which might excite public fears and suspicions "という言葉で、ごまかしの悪い遊びを許している。

その結果、「国民を欺くという基本的な行為であるため、注意が必要である」「反対意見が少ないように巧妙に設計されていなければならない」ということが、彼自身の告白でわかった。

それは、国民に対する欺瞞と完全な詐欺を認めることである。国民が聞いたら反乱を起こすことをよく知っていたので、ピール修正案は「非常に有益な変更」と偽装する必要があったのだ。

この「非常に有益な変化」の恩恵を受けたのは誰なのか。利益を得たのは、ロスチャイルド王朝とその世界的な銀行だけである。

もしそうでなければ、「非常に有益な変化」とロンドンや 世界のあらゆる都市の屋根から叫ばれていたことでしょう。しかし、「非常に有益な変化」は、ロスチャイルド銀行帝国の利益のためであり、影響を受けた多くの国の人々のためではなかった。

ロバート・ピール卿が銀行憲章の改正案を提出したが、実際には、ロスチャイルド家がナポレオン 1 世を創設し有名にしたのと同じように、彼が「付き人」としてイングランド首相として創設し有名にしたベンジャミン・ディズレーリを通じて、ライオネル・ロスチャイルドがこの改正案を作成した。[er] .ライオネル・ロスチャイルドは、先に説明したように、イングランド銀行を脅して金準備を事実上支配させ、その金と自分の紙を交換するよう要求して以来、イングランド銀行に対する影響力が衰えることはない。

1847 年 8 月 4 日、ディズレーリの国会議員としての資格は、多くの債権者を恐れて所有権を主張することができず、所有権が必要な資格であることは紙一重であったことを忘れてはならない。この時、ディズレーリの候補者であったジョン・ギブスが選挙を辞退した後、ディズレーリを有資格者として認定し、正式に当選させたのは、エールズベリー町のある郡の高官であるメイヤー・ド・ロートシルト男爵であった。

しかし、この結果を観客はよく受け止めなかった。ディズレーリを侵入者とみなし、口笛や罵声を浴びせながら出迎えた。また、ディズレーリが国会議員としてのキャリアに深刻な影響を与えかねない、非常に厳しい経済状況にあったときに、彼の借金を買い取り、免除したのがリオネル・ド・ロートシルトであったことも特筆すべき点である。この事件は、Weintraub 著『*Disraeli*』401 ページで言及されている。

> フィリップ・ローズとリオネル・ド・ロートシルトを通じて、モンタギューはすべての債務を免除した。このモンタギューは、「ディズレーリの借金を買い取り、暴利をむさぼらない金利をつけると申し出た」と言われている。ディズレーリの借金 の本当の「買い手」は、実はライオネル・ロスチャイルドであったと批評家は指摘している。
>
> また、1848 年 9 月、ロスチャイルド家は、ティッチフィールド侯爵をフロントマンとして、ディズレーリの別荘であるヒューヘンドンの購入を手助けしたことも、紛れもない事実である。ディズレーリが妻のメアリー・アンに書いたように、「すべては終わった。あなたはヒューゲンドンの女だ」。

これらの事実は、ディズレーリが「ロスチャイルド家の単なる付き人」であったという主張を裏付けるように思えるからである。

ロスチャイルド家がピール修正条項の欺瞞を阻止するために使った方法を研究すると、彼らが連邦準備銀行によるアメリカ国民への詐欺を阻止するために、全く同じ方法を使ったことがわかる。この 2 つのケースで、陰謀の実行犯と受益者は、ロスチャイルド王朝という同じ起源を持っていたのである。

1840 年の災害は、銀貨と銀券の制限的な影響力をなくすという、彼らにとって非常に有益な 1844 年の重要な改正のための準備として、ロスチャイルド家によって演出され、管理されていたのである。

ロスチャイルドは、1907 年のパニックを引き起こし、米国版ピール修正条項、欺瞞的で違憲の連邦準備銀行への道を開いた。その法案は、上院議員のウィリアム・オルドリッチを含む多くの工作員によって、上院を通過するように仕向けられたのだ。ピール修正条項と連邦準備制度は、同じ親であるロスチャイルド家の双子であり、彼らはフロントマンと手先を使って、これらの悪名高い財政・金融欺瞞策の本当の作者を隠していたのだ。

ロスチャイルド家は、どのようにして、一般庶民の首に奴隷のくびきをかけるという二重の成功を収めたのだろうか。彼らは、 英国議会の両政党の指導者、米国の下院と上院の両政党の指導者を所有し、支配することによって、それを実現したのである。それ以来、何も変わっていないのです。

現状維持のままです。この 2 つの措置により、ロスチャイルド家は大英帝国の金融・財政政策と米国の金融・財政政策を完全にコントロールすることになり、ロスチャイルド家の富だけでなく、英米政府への政策指図権も増殖し、「世界の金融市場の紛れもない支配者・主人」となったのである。

ディズレーリは、ロスチャイルド家が世界各国の政府の外交と内政を完全に支配するようになったとは言わなかったが、パリ講和会議で明らかになったように、それを表明する必要はほとんどないのである。

ウィルソン大統領とジョージ首相は、ロスチャイルドの指示で、「金融委員会」と「経済部会」と呼ばれる 2 つの委員会を組織した。ロスチャイルドの代理人バルークと、J.P.モルガンのパートナー、トーマス・ラモンが財務委員に任命された。

二つの委員会の審議と決定の最終結果は、イギリスとフランスがアメリカに対する戦争債務を支払うことをほとんど不可能にし、おそらくはアメリカ憲法の最も露骨な乱用である「取り消し」を意図して、それが実行された。

米国憲法には、借金を帳消しにすることはおろか、外国勢力への融資や贈与に関する規定もなかったし、今もない。しかし、ロスチャイルド家にとっては、これも一つのハードルであり、アメリカは連合国から借りていた何十億ドルもの負債を帳消しにしたのである。

その意図は、ロスチャイルド家への借金を返済するという非常に明確なものであり、これは西側諸国の政府が一般的に受け入れている底流であった。 。残念ながら、アメリカ政府のロスチャイルドの代理人は、アメリカ国民から何十億ドルも奪い、ロスチャイルド家を同額だけ豊かにするこの計画を実行した。

その結果、憲法をあからさまに無視した国際社会主義が強化され、貧困と苦痛をもたらし、革命が共産主義の台頭を招いたのです。

イギリスの歴史に大きな影響を与えたディズレーリとは、一体どんな人物だったのだろうか。彼はどのようにして権力の座を獲得したのでしょうか。

ベンジャミン・ディズレーリ（1804-1881）は、晩年ビーコンズフィールド卿の称号を与えられ、ユダヤ人出身者として初めてイギリスの首相になった人物である。

大英博物館の文献を調べると、ディズレーリが名声と権力を得たのは、ひとえにライオネル・ロスチャイルドのおかげであることがわかる。ライオネルに見出された時、ディズレーリは絶望的な貧困状態にあったが、それでも彼が権力と名声を得ることができたのは、ライオネル・ロスチャイルドが彼を有用な召使として見出したからである。

ビスマルクもまたロスチャイルドの「創造物」であり、ディズレーリが内戦によってアメリカを崩壊させる計画の背後にいると主張したのである。

アメリカの南北戦争は、世界の歴史の中で最も無意味な恫喝であり、約 80 万人の兵士の命を奪った。ロスチャイルド家とその代理人ディズレーリの「隠れた手」なしには、決して起こってはならない戦争であった。

> ライオネル・ロスチャイルドは、ベンジャミンの師匠であり、指導者となった。ライオネルは、ディズレーリの成長期から指揮を執り、弟子を次々と成功に導いていった。
>
> ディズレーリはライオネルにとって、ヴァイスハウプトがアムシェルにとってであったように、ガンベッタはジェームズ・ロスチャイルド 3 世にとって、ポアンカレはアルフォンス・ロスチャイルド 4 世とエドワード・ロスチャイルド 5 世にとって、あるいはケレンスキー（キルビス）は E.K.にとってであるように、である。ロスチャイルド V...ディズレーリは、イギリスの上流階級に滑り込んだトロイの木馬であり、将来の貴族や大臣として数多くのユダヤ人を潜り込ませるための道を開いたのである。今、彼らは彼女を完全に支配している。*(第二次世界大戦を阻止*しよう チェレップ・スピリドヴィチ伯爵）。

バックル著『*ディズレーリの生と死*』による。

> "英国史においてディズレーリほど素晴らしい経歴はなく、これまでこれほど謎に包まれた人物はいない"

しかし、イギリスの偉大なエッセイストであり歴史家であるトーマス・カーライルにとって、ディズレーリは「冒険家であり、優れたヘブライ人呪術師」であった。カーライルはフランス革命について優れた著作を残し、また英雄についての講義で高い評価を得ているので、バックルの『*イギリス文明史*』*よりもディズレーリについ*て優れた判断ができる。ウィリアム・ランガー教授もディズレーリの価値をより現実的に評価しているが、これらの歴史家は誰も彼の師でありコントローラーであるライオネル・ロスチャイルドについて何も言っていないのである。チェレップ・スピリドヴィチは、ディズレーリに対して最も慈悲のない人物である。

> ディズレーリの政策は、主にロシアを憎むことにあった...ライオネルに手を引かれたディズレーリは、今やメフィストフェレスにふさわしい、勝利に満ちた軽蔑の念を抱くようになった。まぶしく青白く、眼光鋭く、黒髪の彼は、白いサテンの裏地のついた黒いビロードのコート、白い手袋、黒い絹の縁飾り、黒い房のついた白い象牙の杖を採用しました。
>
> これらはすべて、有力な老婦人たちに強い印象を与えるために、悪魔のように組み合わされたものだ。そのおかげで、ベンジャミンはロンドンで、ディズレーリのパトロンであるライオネルのために必要なすべての秘密を学び、その金でディズレーリは最高の領域にアクセスすることができた。

サラ・ブラッドフォードは、著書『*ディズレーリ*』*の* 60 ページと 186 ページで、ディズレーリが「強いシオニスト感情を持ち、それをプライベートで表現していた」と述べている。ブラッドフォードは、ディズレーリのロスチャイルド家によるスポンサーシップについて、他にもいくつかの重要な要素に言及している。

> は、結婚前から妻のメアリー・アンを知っており、ロスチャイルドの女性たちが彼女と次第に親密になっていったことを語っている。(187 ページ)
>
> ディズレーリは、アンソニー・ド・ロートシルトの家にしばしば招かれ、「家族の一員」とみなされた。(386 ページ)

*ディズレーリ*の著者であるワイントラウブは、ライオネルがいかにディズレーリと親しかったか（243 ページ）、そして彼自身「ライオネルを親友と見なしていた」ことを語っている。"彼はロンドンの誰よりも彼に会っていて、ディナーの招待を受ける必要がなかった。妻メアリー・アンの死後、ディズレーリは事実上ライオネルの家に住んでいた（243、611 ページ）アンソニー・ド・ロートシルトは世界一親切なホストだった（651 ページ）。

ワイントラウブは、ロスチャイルドがディズレーリに極めて寛大であったことに触れている。ディズレーリとロスチャイルド家は、通常の感覚では理解できないほど親密な関係であったことは間違いない。

第 23 章

ロスチャイルドの代理人がロシア攻撃に資金提供

本書の冒頭で、1904 年から 5 年にかけての日露戦争へのロスチャイルドの関与について詳しく説明することを示したが、このとき、ロスチャイルドが日露戦争に関与していたことが判明したのである。当時、日本政府は、裏で日露の緊張を煽っていたジェイコブ・シフに助けられたと思っていたが、シフが日本に融資した本当の裏側は何だったのだろうか。

ロスチャイルドは、ロシアを不安定にするために日本を必要としていた。彼らのロマノフ家に対する憎しみは、限りなく強かった。日本艦隊の旅順攻撃は、やがて起こるボルシェビキ革命の舞台となった。かつてライオネル・ロスチャイルドが言ったように。

> "サンクトペテルブルクの宮廷と私の家族の間に友情はなかった。

1904 年 2 月 8 日、日露戦争が始まった。共産党は、この攻撃を政府に対する打撃のチャンスと見て、歓喜した。ロシアの新聞「*ノボエ・ヴレミョ*」*などは*、シオニスト・ユダヤ人が密かに日本を助けていると非難している。シフ氏は、日本への融資に大きく貢献した。

シフは 1847 年 1 月 10 日にフランクフルトで生まれ、ロスチャイルド家と親戚になった。彼の父親はロスチャイルド家と知り合いだった。大人になったヤコブは、フランクフルトのロスチャイルド銀行のブローカーになった。1865 年、ロスチャイルド家は彼をニューヨークに送り、フランク・アンド・ガンズ社（ ）と関係を築かせた。ロスチャイルド家の指示で、1867 年に自分の証券会社「バッジ・シフ・アンド・カンパニー」を設立した。このパートナーシップは 6 年ほど続いたが、1873 年、シフがヨーロッパに旅立つと同時に解消された。

1873 年にドイツの銀行を視察した後、1875 年にアメリカに戻り、クーン、ローブ・アンド・カンパニーという銀行会社の一員となった。は、アメリカにおけるロスチャイルド銀行の「隠れ蓑」として知られている。シフはロシアを憎んでおり、日露戦争はロシア皇帝に打撃を与え、その支配を終わらせるチャンスだと考えていた。

彼の特命を受けたクーン・ローブ商会は、1904 年と 1905 年に日本の三大戦争債券を発行した。そのお礼として、勲二等瑞宝章を授与された。旅順でロシア艦隊が決定的な敗北を喫した後、ロシアでは深刻な動揺が生じることになった。

- 1904 年 7 月 28 日：有能な内務大臣ヴィアチェスラフ・フォン・プレフヴェが暗殺される。
- 1904 年 8 月 22 日、キエフ、ロブノ、ヴォルニアでユダヤ人の暴動が発生し、10 月まで続いた。
- 1905 年 1 月 22 日 ロスチャイルドのエージェントである「神父」ジョルジ・ガポンが率いる「血の日曜日」。
- 1905 年 10 月 2 日～30 日 全国一斉ゼネスト。
- 12 月 22 日-1 日 er 1905-06 年 1 月 モスクワでの労働者蜂起
- 1906 年 5 月 2 日 ヴィッテ伯爵の解任、歴史家はロマノフ王朝の終わりの始まりと認識する。

フォン・プレーヴェの殺害は、1904 年 2 月に出回ったユダヤ人の詩で予言されており、「ハマーン」に宛てて書かれていた。内務大臣であることは一目瞭然で、「新しいハマーン」がもうすぐ死ぬと書いてある。1904 年 7 月 28 日の朝、サンクトペテルブルクのワルシャワデポ前の広場に立っていたフォン・プレーヴェに、サゾノフというテロリストが爆弾を投げつけた。

ボルシェビキ革命が勃発する直前、シフはレーニンに2千万ドルを渡し、ボルシェビキの大義のために尽くした。教皇レオ 13 世が 1902 年 3 月 19 日の使徒的書簡*『二十五年に至る』*でこう書いているのも頷ける。

> ほとんどの国をその巨大な支配下に置き、真のインスピレーションと原動力を秘めた他の宗派と結合している。それは、まず仲間を引きつけ、次に仲間を確保するための物質的な利益の誘惑によって、仲間を維持するのである。ある時は約束で、ある時は脅しで、政府を意のままにする。それは社会のあらゆる階層に浸透し、あたかも法治国家の社会組織の一部であるかのように、目に見えない、説明のつかない権力、独立政府を形成している。

そして、ジェラール・エンコース博士は*『ミステリア』*1914 年 4 月号でこう述べている。

> それぞれの国家の国際政治と並行して、国際政治のある無名の組織がある ...これらの評議会に参加しているのは、プロの政治家や華麗に着飾った大使ではなく、ある無名の男、偉大な金融家であり、世界を支配すると想像する虚しい儚い政治家に勝る存在である。

チャーチルは、引き渡される前に、ロシアでの出来事についてこう語っている。

> 世界で最も恐るべき宗派の支配霊であり、その霊を囲んで、ロシア国家が依存するすべての制度を引き裂くために、悪魔的な能力で仕事に取り掛かったのである。ロシアが倒された。ロシアは倒さなければならなかった。今は埃を被って横たわっています。

チャーチルは、レーニンとトロツキーの極悪非道な怒り、彼らがキリスト教国ロシアにもたらした恐怖と破壊に言及している。(1919 年 11 月 5 日、下院での*演説*）。

レーニンは、ロスチャイルドの言いなりになるように送り込まれた召使いの一人に過ぎないのだ。彼らのロマノフ王朝に対する憎しみは、とどまるところを知らない。

ロスチャイルド家が激怒したのは、皇帝がキリストを支配者と認める神聖ローマ帝国を建設しようとしたことであった。この拮抗を裏付ける資料として、ユダヤ人作家 A・ラパポートの『ロマノフ家の呪い』、『ロマノフ家の記録』、『ロマノフ家の書物』がある。*ラパポートの『ロマノフの呪い』*、ウィリアム・ランガー教授の記述、ジョン・スペンサー・バセットの『*ワーテルローの果実』*、ミルナー卿の私文書の文書など。

神聖同盟は、オーストリア、プロイセン、ロシアの 3 カ国が、イギリスやフランスをはじめヨーロッパ各国の加盟を希望するキリスト教同盟と見なされていた。に忠誠を誓うことになった。

> "唯一無二の真の支配者、神、我々の神聖なる救世主、イエス・キリストにのみ全ての権力が属している "と。

この同盟を実現させるために尽力したのが、ツァーリ・アレクサンドル 1 世（er）であった。ロスチャイルド家は、直ちにこの同盟に反対を表明した。

ランガー教授は次のように定義しているが、これは偏った説明であると私は思う。

> 1815 年 9 月 26 日、皇帝アレクサンドル 1 世が起草した文書「神聖同盟」[er]、皇帝フランツ 1 世 [er] とフリードリヒ・ウィリアム 3 世が署名し、最後にイギリス摂政公、ローマ教皇、トルコのスルタン以外のすべてのヨーロッパの支配者が署名した。それは、支配者が臣民と互いに関係を持つ際の指針となるキリスト教の原則を無害に宣

> 言したものであった。
>
> この曖昧で例外のない原則は、おそらく皇帝が、1 世紀前のサンピエール修道院長の勧告に沿った国際組織の形態の序章に過ぎないと考えていたのであろう。
>
> この文書の重要性は、その用語にあるのではなく、その後、四カ国同盟と、さらに言えば、宗教を装った国民の自由に対する協定で結ばれていると見なされた東側三国の反動政策と、国民の心の中で混同されたことにあるのだ。

そもそも、「宗教にカモフラージュ」していたわけではありません。これは、ロスチャイルド家の解釈であり、イギリスがこの文書に署名するのを阻止するために、あらゆる手段を講じた。

フランスでは、ロスチャイルド家が「政教分離」を獲得し、神聖同盟の解消に貢献した。ラパポートの著書で説明されています。

> ヨーロッパの平和の回復は、皇帝アレクサンドル 1 世 er に大きな満足感を与えた。アレクサンダーは、諸悪の根源である国家の不寛容に目を向けました。彼は、民衆の間に宗教的な熱意を蘇らせ、それによって家父長制、家族生活の純粋さ、法と権威への服従を再確立することを考えたのである。しかし、支配者は範を示し、臣民の模範とならなければならない。
>
> ヨーロッパの支配者は、帝国と王国の支配者としての任務を、キリスト教の創始者の精神に基づいて遂行しなければならず、それは支配者とその民族、そして民族間の結びつきでなければならない。
>
> (*ロマノフ家の呪い*、336 ページ）。

チェレップ・スピリドヴィッチ伯爵の著作を考慮すると、どうやら神聖同盟はロスチャイルドの計画と対立していたようだ。彼は、1815 年のこの瞬間から、ロスチャイルド家はロシアとロマノフ家の運命を封印したと考えている。マニング枢機卿はこう述べている。

> ヨーロッパからすべての宗教を根絶やしにし、すべての政府を転覆させるという明確な目的を持った協会が結成されました。

枢機卿は、第一の犠牲者はフランス革命のフランスで、第二の犠牲者はロシアだと考えたのだ。ディズレーリがロシアについて真実を語っていなかったという証拠がある。ボルシェビキ革命を煽り、ニューヨークの銀行戦線であるジェイコブ・シフや J・P・モルガン、ロンドンではアルフレッド・ミルナー卿を通じて資金を提供したのはロスチャイルド家であった。シフがトロツキーに 2 千万ドルを渡して、キリスト教国ロシアを打倒する仕事を容易にしたことは事実である。

ロスチャイルド家の歴史を振り返ると、彼らは政治的な目的を達成するために、その莫大な財産の一部を躊躇なく使っていたことがわかる。その結果、彼らは驚異的な成功を収めた。

ロスチャイルドが国家や政府に対して驚異的な権力を持ち、行使していたことは、次のような事実からも明らかである。

> カイザーは、宣戦布告ができるかどうか、ロスチャイルド家に相談しなければならなかった。ナポレオン打倒のために、もう一人のロスチャイルドが矛を収めた（『*パトリオット*』スチュアート・ホールデン博士、1925 年 6 月 11 日号）。
>
> グルジア（コーカサス）の反乱はロスチャイルド家によって演出された（『ユマニテ』1924 年 9 月号、ユダヤ人向け雑誌）。
>
> ロスチャイルドは戦争を起こすことも防ぐこともできる。彼らの言葉は、帝国の存亡を左右する。(*シカゴ夕刊* 1923 年 12 月 3 日)
>
> アルフォンス・ロスチャイルドは、フランスが自分を国

王に選んだ場合、フランスのドイツへの賠償金を全額支払うことに同意する（ヘムソン伯爵の「兵器士官日記」）。

1914 年 7 月 3 日のイギリス最後の閣議で、ロイド・ジョージはロスチャイルド卿を討論会に招いた。首相は、ロスチャイルド家のために悪事を働いたのである。もしイギリスが正直にロシアとフランスの側に立つと宣言していたら、戦争は起こらなかったでしょう。カイザーは、彼を取り囲んでいた 10 人のユダヤ人とはいえ、決してそれを許さなかったでしょうから。ベスマン＝ホルヴィヒ＝ロスチャイルド、ラテナウ、バリン、デンブリー（*歴史未公開*、チェレップ＝スピリドヴィッチ伯爵）

ロスチャイルド家は、1770 年以来、あらゆる政治・金融事件のバックボーンとなってきた。彼らの名前は、すべての国の歴史のすべてのページに記されているはずです。それらに言及しない作家、教師、講演者、政治家は、カモか偽善者、あるいは犯罪的な無知と見なされなければならない。(*未公開史*、チェレップ・スピリドヴィチ伯爵）。

ロスチャイルドの詳細が記された公文書の多くは、ロスチャイルドが主な資金提供者であった 1871 年のコミューンの際に、パリで意図的に焼却されたものである。(*La Libre Parole*, 27 May 1905)

1817 年 2 月、ロスチャイルドの子分であるフリーメーソン、ブブリコフらがロシアに行き、ペトログラード行きの快速列車を止めて、民衆の反乱を誘発した（*秘話*、チェレップ・スピリドビッチ伯爵）。

1911 年 2 月 15 日、シフ商会はタフト大統領に 1832 年のロシアとの通商条約を更新しないよう要請した。拒否すると、シフ氏は「戦争を意味する」と握手を拒否した。ルシチンスキーとストリピン首相が殺害され、世界大戦が起こった。(*破局に向かって*、*危険と解決策*、チェレップ・スピリドヴィチ伯爵）。

ロスチャイルド家は、王、王子、権力者と交際し、莫大な財産と称号、領主、男爵、「サー」「レディー」、数え切れないほどの栄誉を受けてきた。ヘッセル・カッセル伯爵から預かった "マナ "を流用して、自分たちの成り立ちと、それを可能にした創業者を忘れようとしたのだ。

- メイヤー・アムシェル 1743 - 1812
- アンセルム・マイヤー 1773 - 1855
- サロモン 1774 - 1855
- ネイサン 1777 - 1836
- カール 1788 - 1855
- ジェイコブ・ジェームズ 1792 - 1868

第 24 章

ロスチャイルド家に関するいくつかの見解、戦争、革命、金融陰謀における彼らの役割

この章は、様々な著者や権威者の意見や見解で構成されており、ややバラバラであるため、本編に都合よく収録することができないのだ。

とはいえ、私が思うに、これらの文献は、ロスチャイルド家が 18 と 19 の時代に活躍した最大の勢力の一つであり、おそらく今日もなおそうであるという信念でほぼ固く結ばれている歴史家や学者たちの著作の根拠となる重要なものである。

> 第一次世界大戦でエドワード・ロスチャイルドは1,000億円以上を稼いだ。（チェレプ・スピリドヴィチ伯爵）
>
> ドイツで現在準備中であり、まだほとんど知られていないこの巨大な革命は、ドイツのほとんどすべての専門家の椅子を独占しているユダヤ人の後援のもとに完全に展開されている。*コニングスビー*、ディズレーリ、250 ページ、1844 年から 1848 年の出来事について書いています）。
>
> 歴史家たちは、彼がロスチャイルド家のことを指していたことに同意している。その後、事実上すべての戦争と革命は、ロスチャイルド家によって資金調達された（*Coningby* の Disraeli、218-219 ページ）。

> 国際連盟はユダヤ人の考えです。我々は25年間の闘争の末にそれを作り上げたのだ」（ナタン・ソコロウ、1932年8月27日、カールスバッド会議でのシオニスト指導者たち）。

> 国際連盟は、すべてユダヤ人が運営している。ポール・ハイマンス、エリック・ドラモンド卿、ポール・マントー、エイブラハム少佐、N・スピラー夫人、ユダヤ人の「付き人」、ロシアでボルシェビキを即位させるためにフランスの数百万人を援助したアルベール・トーマスは「労働部門の責任者」である。彼は素晴らしい給料をもらっている。(*Le Péril Juif La Règle d'Israël chez les Anglo Saxons*, B. Grasset, Peres, France).

ここでもロスチャイルド家のことを指しているようだが、ほとんどの場合、「ユダヤ人」を「ロスチャイルド家」に置き換えることができることを苦心して指摘している。

> 現代の社会革命の動きは、18 世紀半ばにさかのぼることができる 。それ以来、破壊的な扇動が絶え間なく流れ続け、様々な形をとりながらも本質的には同じで、広がり、深まり、まさに洪水となって、ロシアを水没させ、我々の文明を飲み込んでしまう恐れがある。（*「文明への反乱*」ロスロップ・ストッダード）

> 大きな革命運動は18世紀半ばから後半にかけて始まった、1770 年にアムシェル・ロスチャイルドがヘッセル・カッセル伯爵の支配人となった。アムシェルは18世紀のすべてのミリウコフ、ケレンスキー、レーニンなどを雇って破壊活動を始め、ちょうどE・ロスチャイルドが20世紀の人々を雇ったように。（チェレップ・スピリドビッチ伯爵）。

> 世界的に重要な事実が、あまりにも少数の人間にしか知られておらず、我々はもっと多くの事実を必要としている。人類は、事実がなければ光を見出すことはできない。*(シカゴ・デイリー・ニュースの編集者)*

> 18 世紀のアベ・バリュエル や20 世紀のチャーチル が語ったこの手ごわい宗派は何なのだろう？その答えは、キ

> リスト教と、キリスト教に基づく文明の力にあるのかもしれない。それはロシアの外にある力であり、世界の力であり、ロシアを、そしてホーエンツォレルン家を崩壊させるほどの力を持っていたのである。(*世界不安の原因*、ネスタ・ウェブスター、35 ページ）。

ロイド・ジョージは、いかなる政治家も指導者も、戦争を引き起こしたとは考えていないと述べた。世界が真実のすべてを知るのは、100 年後かもしれない。(コープランド上院議員、議会記録）。

> ロスチャイルド家と少数の共同宗教者が世界を支配するために共謀している（*『ロスチャイルドの秘密』*メアリー・ホバート女史）。

> カイザーは、宣戦布告ができるかどうか、ロスチャイルド家に相談しなければならなかった。ナポレオン打倒のために、もう一人のロスチャイルドが矛を収めた（*『ニューヨーク・タイムズ』*1924 年 7 月 22 日付）。

> ベルリンの帝国公文書館から、ロスチャイルドからヴィルヘルム 2 世に宛てた戦争要請の手紙が発見された（*『ユダヤ人の真実』*ウォルター・ハルト、324 ページ）。

> 一般の人々にとって、歴史に多くの光を当てることができる家族のアーカイブ（ロスチャイルド家）は深い秘密であり、隠された封印された本である（*The Rothschilds, Financial Rulers of the World*, John Reeves, page 59）。

> ビスマルク、ビーコンズフィールド（ディズレーリ）、フランス共和国、ガンベッタなど、どれも乗り越えられない力を形成しているように見えます。単なる蜃気楼。ユダヤ人だけが銀行を持っていて、彼らの主人であり、全ヨーロッパを支配しているのです。ユダヤ人は VETO を好み、突然ビスマルクは倒れるだろう。ロスチャイルド家にとって、アメリカの反乱とフランス革命の勃発ほど縁起の良い出来事はない。どちらも、彼らがその後手に入れた巨額の富の基礎を築いたからだ。（*『ロスチャイルド世界の金融支配者』*ジョン・リーブス、86 頁)

ネスタ・ウェブスター夫人は、（革命と戦争のための）資金を供給するのは国際金融業者であるという結論から逃れられない。資金を供給するのはむしろユダヤ人金融業者であり、二千年にわたって革命の代理人-代弁者であったのはユダヤ人であったのだ。組織化された政府が対処しなければならない、行動中の五大組織的恐怖運動の秘密の内部協議会を構成しているのはユダヤ人である。(*ニューヨーク・タイムズ紙*1925 年 3 月 8 日号)

歴史上、これほどまでに正反対の激しい感情を呼び起こし、人類から賞賛と恐怖と憎悪を集めた人物はいない。（*ナポレオン*、ヘバート・フィッシャー）

ナポレオンという一人の男が、富や高貴な家柄という利点を持たずに生まれながら、35 歳を前に世界の支配者となり、46 歳で比類なきロマンティック・インポッシブルのキャリアを終えた（「*ナポレオンはどれほど偉大だったか？*シドニー・ダーク）。

結論として、自分たちの利益のために戦争を始める力を持つ同じエリート世界のリーダーたちが、自分たちの壮大な計画、特に独裁的世界構造の中に新世界秩序を確立するという計画に反対する、かつて重要だった国のリーダーたちを打ち破り、無名に追いやることができるということは驚くべきことである。この計画に対抗する反撃がない限り、2025 年には世界は残忍な独裁国家の暗黒に陥る可能性が十分にあるのだ。

既に公開済み

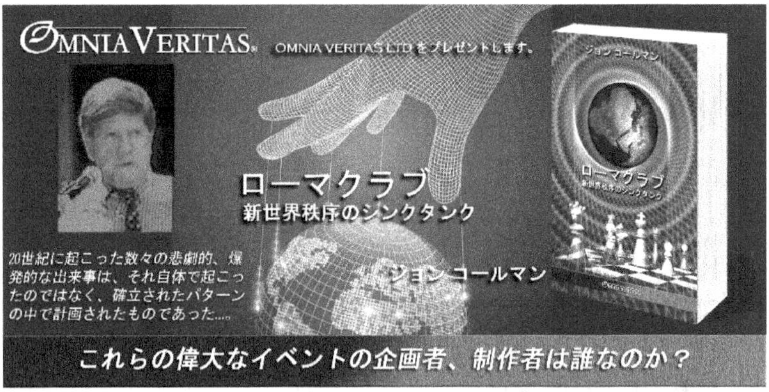
OMNIA VERITAS
OMNIA VERITAS LTD をプレゼントします。
ジョン コールマン
ローマクラブ
新世界秩序のシンクタンク
ローマクラブ
新世界秩序のシンクタンク
20世紀に起こった数々の悲劇的、爆発的な出来事は、それ自体で起こったのではなく、確立されたパターンの中で計画されたものであった....
ジョン コールマン
これらの偉大なイベントの企画者、制作者は誰なのか？

OMNIA VERITAS
OMNIA VERITAS LTD をプレゼントします。
ジョンコールマン
陰謀者たちの階層
300人委員会の歴史
陰謀者たちの階層
300人委員会の歴史
ジョン コールマン
この神と人間に対する公然の陰謀は、ほとんどの人間を奴隷にすることを含んでいる...。

OMNIA VERITAS
OMNIA VERITAS LTD をプレゼントします。
ジョン コールマン
嘘による外交
英米両政府の裏切りに関する記述
ジョン コールマン
嘘による外交
英米両政府の裏切りに関する記述
国連創設の歴史は、欺瞞の外交の典型的な事例である。

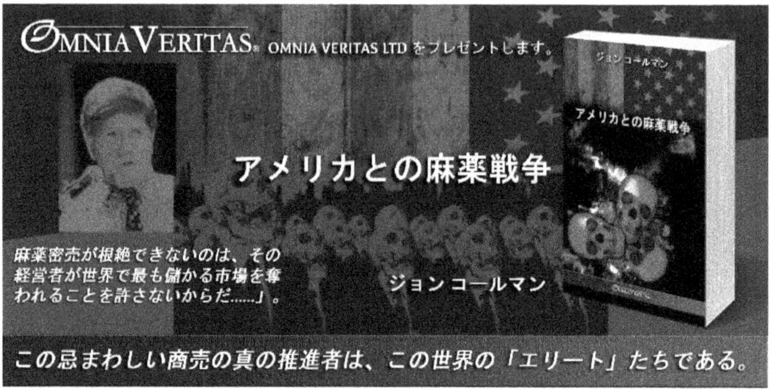
OMNIA VERITAS
OMNIA VERITAS LTD をプレゼントします。
アメリカとの麻薬戦争
麻薬密売が根絶できないのは、その
経営者が世界で最も儲かる市場を奪
われることを許さないからだ......」。
ジョン コールマン
ジョンコールマン
アメリカとの麻薬戦争
この忌まわしい商売の真の推進者は、この世界の「エリート」たちである。

OMNIA VERITAS
OMNIA VERITAS LTD をプレゼントします。
石油戦争
ジョン コールマン
石油産業の歴史的な記述は、「
外交」の紆余曲折を経て、私た
ちに迫ってくる。
ジョンコールマン
石油戦争
各国が欲しがる資源を独占するための戦い

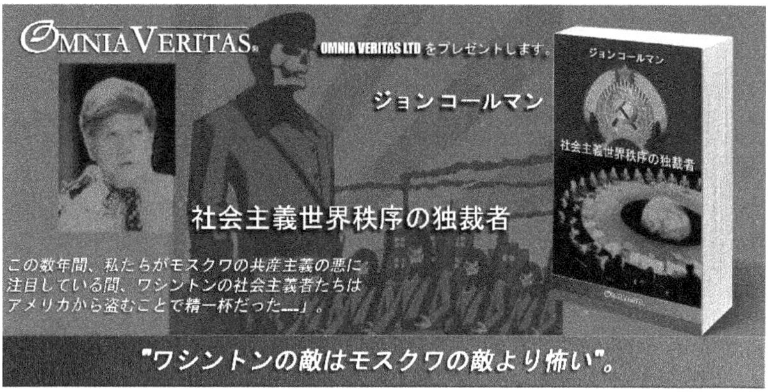
OMNIA VERITAS
OMNIA VERITAS LTD をプレゼントします。
ジョン コールマン
ジョンコールマン
社会主義世界秩序の独裁者
社会主義世界秩序の独裁者
この数年間、私たちがモスクワの共産主義の悪に
注目している間、ワシントンの社会主義者たちは
アメリカから盗むことで精一杯だった....」。
"ワシントンの敵はモスクワの敵より怖い"。

OMNIA VERITAS
OMNIA VERITAS LTD をプレゼントします。
フリーメイソンのすべて
21世紀になって、フリーメイソンは秘密結社というより、「秘密の社会」になってしまった。
ジョン コールマン
ジョン コールマン
フリーメイソンのすべて
フリーメイソンとは何かを解説した一冊

OMNIA VERITAS
OMNIA VERITAS LTD をプレゼントします。
ジョン コールマン
陰謀の彼方へ
陰謀の彼方へ
見えない世界政府の正体を暴く
歴史的な大事件はすべて、完全な思慮分別に囲まれた人間によって密かに計画されている。
ジョン コールマン
高度に組織化された集団は、常に市民に対して優位に立つことができる。

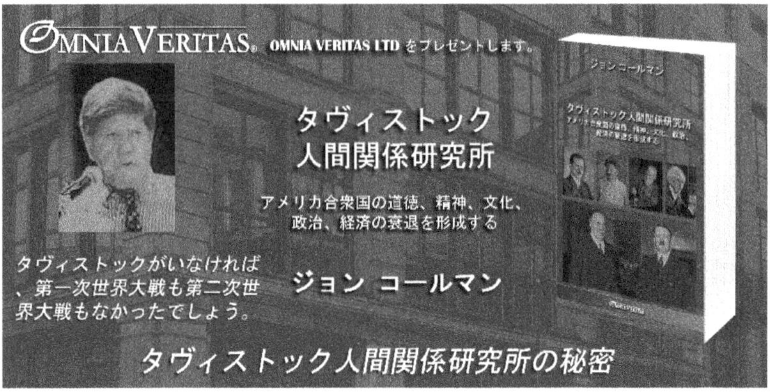
OMNIA VERITAS
OMNIA VERITAS LTD をプレゼントします。
ジョン コールマン
タヴィストック
人間関係研究所
タヴィストック人間関係研究所
アメリカ合衆国の道徳、精神、文化、
政治、経済の衰退を形成する
タヴィストックがいなければ、第一次世界大戦も第二次世界大戦もなかったでしょう。
ジョン コールマン
タヴィストック人間関係研究所の秘密

www.ingramcontent.com/pod-product-compliance
Lightning Source LLC
Chambersburg PA
CBHW050759160426
43192CB00010B/1574
* 9 7 8 1 8 0 5 4 0 0 1 5 8 *